新编21世纪高等职业教育精品教材
新税制纳税操作实务系列

# 纳税筹划

主　编／王　卓　司宇佳
副主编／郭　怡　严　萍　李忠瑞　武玲娟
参　编／任　静　袁永辉　王静维

中国人民大学出版社
·北京·

图书在版编目（CIP）数据

纳税筹划 / 王卓，司宇佳主编 . -- 北京：中国人民大学出版社，2021.10
新编 21 世纪高等职业教育精品教材 . 新税制纳税操作实务系列
ISBN 978-7-300-29856-6

Ⅰ.①纳… Ⅱ.①王… ②司… Ⅲ.①税收筹划－高等职业教育－教材 Ⅳ.①F810.423

中国版本图书馆 CIP 数据核字（2021）第 179422 号

新编 21 世纪高等职业教育精品教材 · 新税制纳税操作实务系列
**纳税筹划**
主　编　王　卓　司宇佳
副主编　郭　怡　严　萍　李忠瑞　武玲娟
参　编　任　静　袁永辉　王静维
Nashui Chouhua

| | | | |
|---|---|---|---|
| **出版发行** | 中国人民大学出版社 | | |
| **社　　址** | 北京中关村大街 31 号 | **邮政编码** | 100080 |
| **电　　话** | 010－62511242（总编室） | | 010－62511770（质管部） |
| | 010－82501766（邮购部） | | 010－62514148（门市部） |
| | 010－62515195（发行公司） | | 010－62515275（盗版举报） |
| **网　　址** | http://www.crup.com.cn | | |
| **经　　销** | 新华书店 | | |
| **印　　刷** | 北京宏伟双华印刷有限公司 | | |
| **规　　格** | 185 mm×260 mm　16 开本 | **版　　次** | 2021 年 10 月第 1 版 |
| **印　　张** | 10.75 | **印　　次** | 2021 年 10 月第 1 次印刷 |
| **字　　数** | 257 000 | **定　　价** | 29.00 元 |

# 前　言

编者根据高等职业教育会计、税务专业人才培养目标的要求，结合高等职业教育教学的特点，与行业企业专家合作编写本教材，在编写过程中以能力为本位，适用最新的税收政策，以使读者掌握从事纳税筹划工作应具备的基础知识、基本技能和实务操作能力。本教材不但可以作为高等职业教育在校学生的教学用书，同时可作为相关工作人员提升专业技能的学习参考书。本教材的特点如下：

1. 内容全面、系统，案例经典、新颖。本教材全面介绍了纳税筹划的实务操作技巧，涉及各个税种以及企业各环节的纳税筹划实操问题。特别是选用增值税、个人所得税最新政策下的工作案例，增强了实用性。

2. 项目教学，学做合一。在课程设计上，充分体现项目教学和任务驱动的教学模式。在内容设计和安排方面，每个项目下设置了具体的任务，每个具体任务包括税收法律依据、工作案例、筹划思路、筹划过程、筹划结论以及筹划点评等多个方面，思路完整系统，内容简洁明了。

3. 注重实践操作技能。本教材安排了能力训练，采用做中学的教学模式，注重工作案例的解析和能力提升，将理论知识应用于实践，从而达到以点带面、举一反三的目的。

本教材由石家庄信息工程职业学院的王卓、司宇佳担任主编，具体编写分工如下：项目一由王卓、石家庄信息工程职业学院的王静维负责编写，项目二由王卓、司宇佳负责编写，项目三由王卓负责编写，项目四由王卓、石家庄信息工程职业学院的严萍负责编写，项目五由石家庄信息工程职业学院的郭怡负责编写，项目六由石家庄信息工程职业学院的李忠瑞、武玲娟负责编写。

在编写过程中，编者得到了行业企业专家的大力支持，其中河北中翰天道税务师事务所的王艳华、石家庄市高新技术产业开发区国税局的杨英庄提供了大量稽查案例。在案例素材的基础上，编者共同讨论将其转化为教学案例以供学生所用，真正达到工学结合、任务驱动教学。在此对各位的支持深表感谢！

尽管编者对本教材的编写已经付出了最大的努力，但是由于水平和精力有限，书中难免有疏漏和不足，恳请广大读者批评指正。

编者

# 目　录

# 项目一　纳税筹划概述

**【知识目标】**

1. 了解纳税筹划的含义和特点；

2. 熟悉纳税筹划的主要形式和基本技巧；

3. 了解纳税筹划风险及其规避方法。

**【能力目标】**

能够掌握纳税筹划的主要技能。

**【素质目标】**

培养依法纳税、诚信纳税意识。

**【重点难点】**

将纳税筹划的主要方法和技巧运用到具体案例中。

**【引例】**

某公司开拓新的生产经营方向，2020 年 6 月，经考察，有两个选择方向：一是种植茶叶并销售；二是制作玩具并销售。公司还需招聘 20 名新员工，对于新增加的 20 名员工，公司每年需要支付 200 万元工资。

**【要求】**

1. 如果两个选择的未来收益相似，请从减轻税负角度谈一谈你的想法。

2. 该公司在招聘新员工时，有无节税筹划的可能？

**【引例解析】**

1. 根据《中华人民共和国企业所得税法实施条例》第八十六条的规定，企业从事下列项目的所得，减半征收企业所得税：（1）花卉、茶以及其他饮料作物和香料作物的种植；（2）海水养殖、内陆养殖。

在两个生产经营方向未来收益差不多的情况下，该公司应该选择生产茶叶，这样就可以享受减半征收企业所得税的优惠，降低企业所得税的税负。

2. 根据《中华人民共和国企业所得税法实施条例》第九十六条的规定，企业安置残疾人员所支付的工资，可以在计算应纳税所得额时 100％加计扣除。

该公司可以在不影响正常生产经营的前提下，招聘残疾人员以享受上述优惠政策，可在所得税前加计扣除 200 万元，从而降低企业所得税的税负。

**【筹划点评】**

企业可在纳税义务行为发生之前，在税法允许的范围内，通过对纳税主体的经营范围、内部管理等涉税事项做出事先安排，达到减轻税负的目的。

## 任务一　纳税筹划的含义与特点

### 一、纳税筹划的含义

纳税筹划也称为税收筹划、税务筹划等。从历史上看，纳税筹划活动由来已久，尤其是在西方发达国家，各国学者对纳税筹划的研究日趋深入，对纳税筹划的概念也有不尽相同的认识和描述，下面列出了几种颇具代表性的观点：

荷兰国际财政文献局（IBFD）在《国际税收辞汇》中是这样描述的：纳税筹划是指纳税人通过经营活动或个人事务活动的安排，实现缴纳最低的税收。

印度税务专家 N. J. 雅萨斯威在《个人投资和税收筹划》一书中指出：纳税筹划是纳税人通过对财务活动的安排，以充分利用税收法规所提供的包括减免税在内的一切优惠，从而获得最大的税收利益。

美国加州大学 W. B. 梅格思博士在《会计学》一书中写道：纳税筹划是人们合理而又合法地安排自己的经营活动，缴纳可能最低的税收。

我国学者对纳税筹划含义的认识也不尽相同，税务专家唐腾翔认为，纳税筹划是在法律、规定许可的范围内，通过经营投资、理财活动的事先筹划和安排，尽可能取得节税的税收利益。

税务筹划专家张中秀在《公司避税节税转嫁筹划》中写道：纳税筹划是指纳税人通过非违法的避税方法和合法的节税方法以及税负转嫁方法来达到尽可能减少纳税的行为。后来，他在《纳税筹划宝典》中指出：纳税筹划应包括一切采用合法和非违法手段进行的纳税方面的策划及有利于纳税人的财务安排，主要包括节税筹划、避税筹划、转退筹划和实现涉税零风险。

学者盖地认为：税收筹划也称税务筹划、纳税筹划，是指企业（自然人、法人）依据所涉及的现行税法（不限一国一地），在遵守税法、尊重税法的前提下，运用企业的权利，根据税法中的“允许”和“不允许”、“应该”与“不应该”以及“非不允许”与“非不应该”的项目和内容，对经营、投资、筹资等活动进行旨在减轻税负的谋划和对策。

综上所述，本书认为，纳税筹划是纳税人在法律、法规允许的范围内，通过对生产、经营、投资、筹资、理财等活动中的涉税事项的事先安排和谋划，以少缴税款或延期纳税，降低纳税风险，最终实现企业价值最大化或股东权益最大化目标的一种财务管理活动。

### 二、纳税筹划的特点

#### （一）合法性或不违法性

纳税筹划的合法性或不违法性是指在进行纳税筹划的过程中，必须以法律为准绳，在符合或不违背税收法律、法规的前提下，在多种纳税筹划方案中做出较低税负方案的正确决策，一切违反法律、偷逃税款等行为只能加重企业经营风险。那么，这就要求纳税筹划人员必须熟悉或通晓国家各项税收法律、法规，并能够准确地把握合法与不合法的界限。

### （二）事先性

纳税筹划的事先性是指纳税人应在纳税义务发生之前对涉税事项做出合理的规划和安排，从而达到减轻企业税负等目的。一方面，在整个经济活动中，纳税义务通常具有滞后性，这为纳税人在纳税义务发生之前进行筹划提供了可能性；另一方面，如果纳税事项已经发生，纳税义务已经存在，纳税人再通过某些手段减少所纳税款，则被认为是违法行为。

### （三）时效性

世界各国的税收法律、法规都不是一成不变的，随着国内外的政治局势、经济环境的变化，税收法律、法规也会不断地被修订和完善。时效性要求纳税筹划人员要做到两点：第一，抓住时机，及时充分地利用当时的税收优惠政策进行安排和规划；第二，把握税收法律、法规的发展变化趋势，对原有已经制定或实行的纳税筹划方案进行及时的更正、调整或终止。

### （四）综合性

综合性是指纳税筹划要用综合和发展的眼光看问题，不能只考虑某个税种税款缴纳的多少，而应顾全企业整体税负的多少；不能只考虑例如生产、销售等某一个环节的税负问题，而应深入企业设立、生产经营、产品研发等多个环节；不能只考虑眼前的短期利益，而应关注企业可持续的长远发展。总之，纳税筹划必须考虑多方面的因素，进行综合决策，已达到整体收益最大化。

### （五）风险性

风险性是指纳税筹划活动因各种原因失败而付出的代价。筹划失败的原因有多种，例如税收法律、法规的不断调整和变化，国内外政治、经济环境因素的变化，以及企业内部因素等，这样使得纳税筹划方案不可能万无一失或长期有效，纳税筹划的成果也不可能非常准确，有时可能是损失。既然这种风险是一定存在的，就要求纳税筹划人员应及时调整筹划方案，适当规避企业的纳税筹划风险。

# 任务二　纳税筹划与偷税、欠税、抗税、骗税的界定

## 一、偷税、欠税、抗税、骗税的含义

### （一）偷税

偷税是指纳税人、扣缴义务人故意违反国家税收法律、法规，采取伪造、变造、隐匿、擅自销毁账簿、记账凭证，在账簿上多列支出或不列、少列收入，或者采用虚假的纳税申报手段，不缴或者少缴应当缴纳税款的行为。对于此种行为，由税务机关追缴其不缴或少缴的税款、滞纳金，并处不缴或少缴税款的50%以上5倍以下的罚款；构成犯罪的，依法追究刑事责任。

### （二）欠税

欠税是指纳税人、扣缴义务人超过税收法律、法规规定或税务机关依照税收法律、法规规定的纳税期限，未缴或少缴税款的行为。纳税人、扣缴义务人欠缴税款，采取转移或

者隐匿财产的手段，妨碍税务机关追缴欠缴的税款的，由税务机关追缴欠缴税款、滞纳金，并处欠缴税款50%以上5倍以下的罚款；构成犯罪的，依法追究刑事责任。

（三）骗税

骗税是指纳税人采用假报出口、虚报价格、伪造或涂改报关单等手段骗取出口退税款的行为。有骗取出口退税行为的，由税务机关追缴其骗取的退税款，并处骗取税款1倍以上5倍以下的罚款；构成犯罪的，依法追究刑事责任。

（四）抗税

抗税是指纳税人、扣缴义务人以暴力、威胁方法拒不缴纳税款的行为。对抗税行为，除由税务机关追缴其拒缴的税款、滞纳金外，依法追究刑事责任。情节轻微，未构成犯罪的，由税务机关追缴其拒缴的税款、滞纳金，并处拒缴税款1倍以上5倍以下的罚款；构成犯罪的，依法追究刑事责任。

### 二、纳税筹划与偷税、欠税、抗税、骗税的区别

（一）法律性质不同

纳税筹划是纳税人在合法或不违法的前提下，事先制定筹划方案，减轻企业税负的行为，而偷税、欠税、抗税、骗税是通过违法的手段逃避纳税，是一种犯罪行为，应受到法律的制裁。

（二）实施手段不同

纳税筹划是采取合法的手段，利用税收优惠政策或有利时机，事先安排谋划，以达到企业预期目标的行为。而偷税、骗税是采取隐匿、造假等手段达到少缴税款的目的，具有欺诈性质；欠税是故意采取转移或者隐匿财产的手段拒不缴纳税款；抗税是采取暴力、威胁的手段，恶意触犯法律。

（三）承担责任不同

纳税筹划是一种合法或者不违法的行为，不必承担法律责任，而偷税、欠税、抗税、骗税是采用不同手段违反法律的行为，一经查证，需补缴税款、滞纳金和罚款；构成犯罪的，依法追究刑事责任。

（四）政府态度不同

偷税、欠税、抗税、骗税行为具有故意、欺诈、恶意等性质，属于违法行为，致使国家税收遭受损失，因此这些行为是国家坚决反对和抵制的，凡有上述行为，必然受到法律的严惩。而纳税筹划大多是利用税收优惠和政策优惠等方式，帮助企业减轻税负，实现企业价值最大化，因此一直都是国家支持和倡导的，当然在纳税筹划中不违法的避税行为，国家不持提倡态度，但是与对偷税等行为的态度还是有所不同的。

## 任务三 纳税筹划的主要形式和基本技巧

### 一、纳税筹划的主要形式

随着社会和经济的发展，广义的纳税筹划分为四种主要形式，即节税筹划、避税筹

划、税负转嫁筹划和涉税零风险筹划。

（一）节税筹划

节税筹划，是指纳税人在合法且不违背法律立法精神的前提下，根据政府的经济、税收政策导向，采用税法赋予的税收优惠或选择机会，通过对企业经营、投资、理财等活动的事先安排，尽可能地达到降低税负、实现企业价值最大化的目标。

由于节税筹划是一种不违反税收法律、法规的行为，而且它利用的是政策导向机会和税法优惠政策，这样就大大巩固了税法地位，减少了偷漏税行为，也使政府有效地利用税法进行宏观调控，因此节税筹划是政府倡导的行为。

（二）避税筹划

避税筹划，是指纳税人采用非违法手段（即表面上符合税法规定但实质上违背立法精神的手段），利用税法中的漏洞、空白之处，减轻其自身税负的一种行为。但它与不尊重法律的偷漏税行为有着本质区别。

由于避税筹划是利用税收法律漏洞和空白进行安排和筹划的行为，有一定的不合理性，不符合政府的政策导向和宏观调控，因此避税筹划是政府不倡导的，那么这就说明纳税人利用这种方式进行筹划存在一定的风险性。另外，政府为了减少避税筹划行为，就必须不断健全、完善法律法规，企业和政府这样不断博弈，可使法律法规不断完善，社会、经济不断进步。

（三）税负转嫁筹划

税负转嫁筹划，是指纳税人为了达到减轻税负的目的，采用经济的手段，通过产品交易的价格变动将税负部分或全部转移给他人负担的经济行为。

在商品流通过程中，纳税人提高销售价格或压低购进价格，将税负转移给购买者或者供应商的做法就是典型的税负转嫁筹划。税收负担能否转嫁以及如何转嫁，取决于多种因素的影响。纳税人应根据自己所生产产品的需求弹性、供给弹性等特点及市场供求状况，制定符合自身产品状况的税负转嫁筹划方案。这种税负转嫁筹划方案利用的是纯经济手段，筹划空间一般不会太大，而且由于此种行为只是税负的转移，没有影响整个税收收入，因此对于此种行为，政府也是持中立态度。

（四）涉税零风险筹划

涉税零风险筹划，是指纳税人通过事先安排和努力，做到会计核算健全、账目清楚，纳税申报正确，缴纳税款及时、足额，不会出现任何关于税收方面的处罚，即达到在税收方面没有任何风险，或风险极小可以忽略不计的一种状态。

涉税零风险筹划可能暂时不会为纳税人带来直接经济利益或减少税负，但是它的长远意义非常重大，可对纳税人实现可持续发展和长期经济目标起到间接作用。首先，企业账目清楚、纳税申报正确，将会避免税务机关的经济处罚；其次，企业会计核算健全，税款及时、足额缴纳，能够提高纳税信誉和纳税信用等级，企业的社会地位和品牌价值也随之提高，这对企业实现价值最大化的长远发展目标起到重要作用。此外，这种行为有利于形成良好的税收征纳环境，促进经济和社会发展，因此是政府倡导的。

## 二、纳税筹划的基本技巧

### （一）利用减、免税政策

利用减、免税政策是通过税法中相关减、免税的税收优惠政策，直接减少或免去纳税人的税收负担。

其中，减税是从应征税款中减征部分税款，例如，企业从事花卉、茶以及其他饮料作物和香料作物的种植，减半征收企业所得税。

免税是指国家为了实行一定的政治经济政策，给某些纳税人或征税对象的一种鼓励或特殊照顾，免征全部税款。例如，农业生产者销售自产农业产品，免征增值税；企业从事蔬菜、谷物、薯类等的种植，免征企业所得税。

### （二）利用分割、合并技术

分割与合并技术是指在合法、合理的情况下，使所得、财产在两个或多个纳税人之间进行分割或将多个纳税人的所得、财产合并，为少数纳税人所有，从而最大化减轻税负的技术。

分割技术在累进税率的税种中运用比较有效，对于累进税率，税基越大，适用税率就越大，税收负担就越重，例如个人所得税中的超额累进税率。合并技术适用于消费税纳税人，特别是酒类生产企业；在企业所得税中，当一个企业盈利、另一个企业亏损时，企业就可以利用合并技术进行筹划，从而减少缴纳企业所得税。

### （三）降低计税依据

计税依据通常称为税基，在税率一定的情况下，应纳税额的大小与计税依据的大小成正比，即税基越小，纳税人税收负担越轻。我国大部分税种都采用计税依据与适用税率的乘积来计算应纳税额，纳税人可以通过采用一些方法降低计税依据，从而减轻企业税负。

### （四）利用税率差异

利用税率差异进行筹划是指在存在不同税率的前提下，纳税人通过降低适用税率的方式来减轻税收负担的筹划方法。在计税依据一定的情况下，应纳税额与税率呈正向变化关系，即降低税率就等于降低了税收负担。在税前利润一定的情况下，税率越低，应纳税额越少，税后利润越多。例如，个人所得税中“工资、薪金所得”项目适用的超额累进税率，增值税中的13%、9%、6%多档税率，企业所得税中小型微利企业和高新技术企业适用的优惠税率等，都是可以通过税率差异进行纳税筹划，从而实现节税目的。

### （五）增加扣除税额

增加扣除税额技术是指在税法法律、法规允许的范围内，使扣除额等尽量增加而直接减少税负，或调整各个计税期的扣除额而相对节税的方法。例如，增值税中增加可抵扣进项税额；企业所得税中增加费用扣除额，加速折旧，或弥补以前年度（5年内）亏损，抵免境外已纳税款等。

### （六）利用延期纳税

利用延期纳税是指在税法法律、法规允许的范围内，使纳税人延期缴纳税款而相对节税的方法。由于货币的时间价值，延期纳税相当于使纳税人获得一笔无息贷款，有效利用这些资金，使其产生更大的收益，这对于纳税人而言是非常有利的。例如，尽量推迟确认收入时间，尽早确认成本和费用等。

### （七）转移纳税义务

转移纳税义务是指通过改变企业性质、经营方向、经营范围或生产流程等，做到避免纳税义务或转换不同税种纳税义务的一种纳税筹划技巧。例如改变经营方向，使企业不成为消费税纳税义务人；将企业所得税纳税义务转变为个人所得税纳税义务。

# 任务四　纳税筹划风险及其防范

## 一、纳税筹划风险及其类型

### （一）纳税筹划风险的概念

纳税筹划风险是指纳税人在进行纳税筹划时，由于各种主、客观方面的不确定因素的存在，导致筹划活动失败，例如筹划方案无法进行、筹划目标没有实现、存在违法风险等，而为此付出的代价。这些代价包括增加税负、减少利润、产生滞纳金或罚款等。因此在进行纳税筹划时，一定要充分考虑各种风险因素。

### （二）纳税筹划风险的类型

1. 政策风险

为了适应社会和经济的发展，政府的各项政策包括税收政策在一定时期内有可能会发生一些变化，有些新政策出台，有些旧政策被废除或修订，从而不断完善。纳税筹划的政策风险就是指纳税人在利用国家政策进行纳税筹划活动过程中，由于政策变化或者政策选择导致的纳税筹划失败，给纳税人带来损失的可能。具体来说，纳税筹划政策风险又分为政策变化风险和政策选择风险。

2. 经营风险

纳税筹划方案主要建立在对纳税人未来经济活动的合理预期上，当未来实际情况与筹划方案相一致时，方案可行，但如果未来的实际经营状况发生了改变，比如经营范围、经营地点、经营期限、企业注册性质等发生重大变化，那么之前建立在此上的纳税筹划方案势必受到重要影响，有时甚至会完全不适用。

3. 执行风险

纳税筹划方案是根据企业的目标制定的，但是在执行过程中也可能出现偏差，导致筹划方案失败或效果不佳。例如，纳税筹划方案在执行过程中相关部门和人员的协作和配合不力；或未按规定流程执行，出现无法进行、无法衔接等情况，这些内部的执行问题都有可能导致整个纳税筹划方案的失败。

4. 成本风险

纳税筹划成本包括实施筹划方案所放弃的相关利益和所支付的各种实际费用（包括纳税筹划本身的成本，即方案的设计费、咨询费等），而纳税筹划收益通常表现为同等条件下应纳税额的减少、管理水平的提高、企业信誉的提升等。但在现实的筹划过程中可能出现一些情况：第一，纳税筹划方案只考虑税负的减轻，忽略了与此同时产生的其他成本，导致筹划后的税后净收益反而降低；第二，纳税筹划方案减轻了税负，增加了当时的税后净收益，但对于企业将来的发展或企业的信誉都有一定的影响，不利于企业长期发展，那么这也相当于纳税筹划成本过高。以上情况都是没有考虑到成本风险，都属于不成功的筹划方案。

5. 执法风险

纳税筹划方案应当符合税法的立法精神，但是实务中的有些避税行为走在税法边缘，需要得到税务执法部门的认可，如果国家对某些避税措施持反对或抵制的态度，就加大了纳税筹划的风险。例如，有些政策无法涵盖所有税收事项，这样纳税人和税务执法部门就可能在政策理解方面存在偏差；在一定范围内，税务执法部门对有些政策拥有自由裁量权，这样也会形成执法偏差等。

## 二、纳税筹划风险的防范

纳税筹划除了上述风险之外，还有诸如市场风险、金融风险、利率风险、通货膨胀风险等。作为纳税人，应充分考虑这些风险，有效控制风险，在纳税筹划方案的设计阶段、执行阶段，确保合法、合理、可操作，这就要求纳税人应该做到以下几点。

### （一）提高纳税筹划相关人员的素质，增强风险意识

随着社会、经济的发展，税收政策细则会及时进行调整，逐渐完善和健全，这就要求纳税筹划相关人员要不断研究社会、经济发展的特点，及时把握宏观经济动态，合理预期税收政策及其变动，科学、准确把握税法精神，从而确保纳税筹划方案的合法性、合理性和准确性。

企业应该做到：第一，引进高素质的纳税筹划专门人才；第二，对现有的相关人员进行纳税筹划专业培训，使其更好地掌握税收、财务、管理、法律等知识，同时加强职业道德教育，为纳税筹划方案的正确制定、正常运转执行，以及筹划风险的有效防范提供有力保证。

### （二）及时调整、完善筹划方案

企业应树立风险意识，在具体筹划过程中，要注意相关政策以及其他因素的变化，实时做出预测和判断，及时调整、完善纳税筹划方案。具体应做到：第一，密切关注企业外部环境的变化，包括政治、经济的变动，以及税收政策的变化，全球经济的波动，自然灾害、突发事件等；第二，密切关注企业内部环境的变化，包括企业经营范围、经营方向、生产地选取、投融资计划等方面的变化。

### （三）加强企业各部门之间的沟通、协作和配合

为了纳税筹划方案的顺利实施，首先，企业应明确纳税筹划工作的重要性，明确各部门和人员的职责；其次，应定期组织各相关部门进行沟通、学习和讨论，协调纳税筹划活动与各部门活动的关系，分析纳税筹划方案在实施过程中的问题，分享各自对纳税筹划风险防范的建议等，从而将纳税筹划风险降到最低。

### （四）注意筹划收益与成本的权衡问题

纳税筹划的成本是客观存在的，在制定和执行纳税筹划方案过程中必须权衡收益与成本的关系。这就要求企业在制定方案之初，不能只关注节税效果，还应计算筹划成本，综合判断筹划效果；在方案实施过程中，也要关注各方面的风险，实行全面监控、实时评估，时刻计算成本效益，当发现纳税筹划方案的成本风险大于筹划收益时，应及时调整方

案或终止方案的实施，做到从整体利益出发，关注企业可持续发展。

（五）加强与税务机关的联系和沟通

由于有些纳税筹划方案可能会触及法律的边界，各地税务部门的具体税收征管方式也有所不同，执法部门拥有较大的自由裁量权，因此，企业应当加强与税务机关的交流和沟通，了解当地税收征管的特点和具体要求，处理好与税务机关的关系，树立良好的纳税信誉和形象。企业有时可以在新的纳税筹划方案实施之前，虚心地向税务机关咨询，了解税务机关的态度，争取获得批准和认可；当遇到税收政策理解偏差问题时，应主动争取税务机关的指导，努力寻求税务机关的支持与帮助。

## 【能力训练】

### 一、单项选择题

1. 纳税筹划的主体是（　　）。

A. 纳税人　　B. 税率　　C. 计税依据　　D. 税务机关

2. 纳税筹划的最终目标是（　　）。

A. 利润最大化　　B. 企业价值最大化

C. 税负最小化　　D. 资金时间价值最大化

3. 纳税人通过事先的安排和努力，做到会计核算健全、账目清楚，纳税申报正确，缴纳税款及时、足额，不会出现任何关于税收方面的处罚，这属于（　　）。

A. 节税筹划　　B. 避税筹划　　C. 税负转嫁筹划　　D. 涉税零风险筹划

4. 纳税筹划与逃税、抗税、骗税等行为的根本区别是纳税筹划具有（　　）。

A. 违法性　　B. 可行性　　C. 非违法性　　D. 合法性

5. 以下对纳税筹划风险的认识中，正确的是（　　）。

A. 纳税筹划没有风险　　B. 纳税筹划有风险，不可防范

C. 纳税筹划有风险，不可估计　　D. 纳税筹划有风险，可估计、可防范

### 二、多项选择题

1. 纳税筹划的特点包括（　　）。

A. 合法性　　B. 事先性　　C. 目的性　　D. 风险性

2. 以下属于纳税筹划主要形式的有（　　）。

A. 节税筹划　　B. 避税筹划　　C. 税负转嫁筹划　　D. 涉税零风险筹划

3. 企业可以采用（　　）方式减轻税负。

A. 减少计税基础　　B. 减少账目中收入额

C. 延期纳税　　D. 适用税收优惠政策

4. 纳税筹划的主要风险有（　　）。

A. 政策风险　　B. 经营风险　　C. 执行风险　　D. 不可估计风险

5. 下列关于纳税筹划、偷税、逃税、抗税、骗税等法律性质的说法中，正确的是（　　）。

A. 纳税筹划的基本特点是合法性，而偷税、逃税、抗税、骗税等则是违反法律法规的

B. 偷税具有故意、欺诈的特点，是一种违法行为，应受到法律制裁

C. 逃税与偷税具有共性，都是违法行为

D. 题目中几个行为的法律性质都是以减轻企业税负为目的，目标一致，性质相同

**三、判断题**

1. 企业纳税筹划必须在纳税义务发生之后进行，通过合理的安排和策划达到减轻企业税负的目的。(　　)

2. 在税率一定的情况下，应纳税额的大小与计税依据的大小成正比，即税基越小，纳税人税收负担越轻。(　　)

3. 涉税零风险筹划虽然不能为企业带来直接经济利益，但能够为企业创造一定的间接经济利益。(　　)

4. 纳税筹划与纳税意识的增强一般具有客观一致性的关系，纳税筹划是企业纳税意识提高到一定程度的体现。(　　)

5. 因为纳税筹划存在一定的风险，所以企业没必要进行纳税筹划，按实际情况纳税即可。(　　)

**四、思考分析题**

1. 讨论纳税筹划的意义。

2. 简述纳税筹划的基本技巧。

3. 分析应如何防范纳税筹划风险。

# 项目二　增值税纳税筹划

【知识目标】

1. 了解增值税税法要素的基本知识；

2. 熟悉增值税纳税筹划的基本思路。

【能力目标】

掌握增值税的主要筹划手段和方式。

【素质目标】

培养依法纳税、诚信纳税意识。

【重点难点】

能够灵活运用各种纳税筹划方法对增值税进行筹划，从而达到节税的目的。

【引例】

某钢结构生产企业销售自产钢结构并提供安装服务，2021 年 9 月与某施工企业签订合同，货款连同安装费总计 6 000 万元（其中货物价款为 5 000 万元，安装费为 1 000 万元，均不含税）。

**【要求】**请对上述业务进行合理的纳税筹划。

**【引例解析】**根据《国家税务总局关于进一步明确营改增有关征管问题的公告》（国家税务总局公告 2017 年第 11 号）的规定，纳税人销售活动板房、机器设备、钢结构件等自产货物的同时提供建筑、安装服务，不属于《营业税改征增值税试点实施办法》（财税〔2016〕36 号文件印发）第四十条规定的混合销售，应分别核算货物和建筑服务的销售额，分别适用不同的税率或者征收率。

针对以上业务，如果不分别纳税，则产生销项税额＝6 000×13％＝780（万元）；根据以上政策，如果分别纳税，则产生销项税额＝5 000×13％＝650（万元），采用简易计税办法，应纳税额＝1 000×3％＝3（万元），两者相加为 653 万元，安装费一般为人工支出，可抵扣进项税额基本没有。故此分别纳税，能起到节税效果。

**【筹划点评】**合同签订过程中需要分别注明货物价款和安装费，以适用不同税率和征收率，从而降低增值税额。

# 任务一　增值税税法要素及筹划思路

## 一、增值税的纳税人

### （一）纳税义务人和扣缴义务人

根据我国《增值税暂行条例》和“营改增”的规定，凡在我国境内销售货物、提供加工和修理修配劳务、进口货物以及销售服务、无形资产、不动产的企业单位及个人，均为增值税的纳税人。其中，单位是指企业、行政单位、事业单位、军事单位、社会团体及其他单位。个人是指个体工商户和其他个人。

单位租赁或承包给其他单位或者个人经营的承租人或者承包人为纳税人。

中华人民共和国境外的单位或者个人在境内提供应税劳务和应税服务，在境内未设有经营机构的，以其境内代理人为扣缴义务人；在境内没有代理人的，以购买方或接受方为扣缴义务人。

### （二）一般纳税人和小规模纳税人

增值税实行凭专用发票抵扣税款的制度，客观上要求纳税人具备健全的会计核算制度和能力。在实际经济生活中，我国增值税纳税人众多，会计核算水平差异较大，大量的小企业和个人还不具备用发票抵扣税款的条件，为了既简化增值税的计算和征收，也有利于减少税收征管漏洞，将增值税纳税人按会计核算水平和经营规模分为一般纳税人和小规模纳税人两类，分别采取不同的增值税计税方法。

1. 一般纳税人

一般纳税人是指年应征增值税销售额超过财政部、国家税务总局规定的小规模纳税人标准的企业和企业性单位。

年应税销售额，是指纳税人在连续不超过 12 个月的经营期内累计应征增值税销售额，包括纳税申报销售额、稽查查补销售额、纳税评估调整销售额、税务机关代开发票销售额和免税销售额。其中，稽查查补销售额和纳税评估调整销售额计入查补税款申报当月的销售额，不计入税款所属期销售额。经营期，是指在纳税人存续期内的连续经营期间，含未取得销售收入的月份。

应税服务的年应征增值税销售额超过财政部和国家税务总局规定标准的纳税人为一般纳税人，未超过规定标准的纳税人为小规模纳税人。

兼有销售货物、提供应税劳务以及应税服务的纳税人，应税货物及劳务销售额与应税服务销售额分别计算，分别适用增值税一般纳税人资格认定标准。

兼有销售货物、提供加工和修理修配劳务以及应税服务，且不经常发生应税行为的单位和个体工商户，可选择按照小规模纳税人纳税。

2. 小规模纳税人

小规模纳税人是指年应税销售额在规定标准以下，并且会计核算不健全，不能按规定报送有关税务资料的增值税纳税人。会计核算不健全是指不能正确核算增值税的销项税额、进项税额和应纳税额。

根据我国《增值税暂行条例》及其实施细则和“营改增”及相关文件的规定，小规模纳税人的认定标准是：

（1）从事货物生产或者提供应税劳务的纳税人，以及以从事货物生产或者提供应税劳务为主，并兼营货物批发或者零售的纳税人，年应税销售额在50万元以下（含本数，下同）的。“以从事货物生产或者提供应税劳务为主”是指纳税人的年货物生产或者提供应税劳务的销售额占年应税销售额的比重在50%以上。

（2）对上述规定以外的纳税人（不含提供应税服务的纳税人），年应税销售额在80万元以下的。

（3）年应税销售额超过小规模纳税人标准的其他个人按小规模纳税人纳税。

（4）非企业性单位、不经常发生应税行为的企业可选择按小规模纳税人纳税；应税服务年销售额超过规定标准但不经常提供应税服务的单位和个体工商户，可选择按照小规模纳税人纳税。

（5）应税服务年销售额未超过500万元的纳税人为小规模纳税人。

（6）旅店业和餐饮业纳税人销售非现场消费的食品，属于不经常发生增值税应税行为，根据《增值税暂行条例实施细则》的规定，可以选择按小规模纳税人缴纳增值税。

（7）兼有销售货物、提供加工和修理修配劳务以及应税服务，且不经常发生应税行为的单位和个体工商户，可选择按照小规模纳税人纳税。

小规模纳税人会计核算健全，能够提供准确税务资料的，可以向主管税务机关申请资格认定，不作为小规模纳税人，依照有关规定计算应纳税额。

自2018年5月1日起，所有行业企业申请增值税一般纳税人资格认定的年销售额标准均提高到500万元，未超过500万元的纳税人，如符合相关规定条件，也可以向主管税务机关申请增值税一般纳税人资格认定。

除国家税务总局另有规定外，纳税人一经认定为一般纳税人后，不得转为小规模纳税人。

**纳税筹划思路**

1. 通过两类不同纳税人选择实现税负最小化、企业价值最大化。
2. 通过分拆方式实现不超一般纳税人条件而选择小规模纳税人。
3. 不同业务植入不同纳税人主体运营，实现税负最小化、企业价值最大化。
4. 利用两类纳税人可转化的政策合理进行转化。

## 二、增值税的征税范围

增值税纳税人应当依照我国《增值税暂行条例》和“营改增”的规定缴纳增值税。

增值税的征税范围包括销售货物，提供加工、修理修配劳务及进口货物等。自2016年5月1日起，我国“营改增”工作全面展开，增值税全面取代了营业税。目前，我国增值税的征税范围进一步扩展如下。

### （一）销售货物

销售货物是指在中华人民共和国境内（以下简称中国境内）有偿转让货物的所有权。中国境内是指所销售货物的起运地或所在地在中国境内。货物是指除土地、房屋和其他建筑物等不动产外的有形动产，包括电力、热力、气体在内。

### （二）提供加工和修理修配劳务

提供加工和修理修配劳务是指在中国境内有偿提供加工、修理修配劳务。其中，加工是指受托加工货物，即委托方提供原料及主要材料，受托方按照委托方要求制造货物并收取加工费的业务；修理修配劳务是指受托对损伤和丧失功能的货物进行修复，使其恢复原状和功能的业务。但是，单位或者个体工商户聘用的员工为本单位或雇主提供的加工、修理修配劳务不包括在内。

### （三）进口货物

凡进入我国关境的货物，在报关进口时除依法缴纳关税外，还必须向我国海关缴纳增值税。

### （四）销售服务

销售服务是指提供交通运输服务、邮政服务、电信服务、建筑服务、金融服务、现代服务和生活服务。

1. 交通运输服务

交通运输服务，是指利用运输工具将货物或者旅客送达目的地，使其空间位置得到转移的业务活动。包括陆路运输服务、水路运输服务、航空运输服务和管道运输服务。

2. 邮政服务

邮政服务是指中国邮政集团公司及其所属邮政企业提供邮件寄递、邮政汇兑、机要通信和邮政代理等邮政基本服务的业务活动。包括邮政普遍服务、邮政特殊服务和其他邮政服务（不包括邮政储蓄业务）。

3. 电信服务

电信服务是指利用有线、无线的电磁系统或者光电系统等各种通信网络资源，提供语音通话服务，传送、发射、接收或者应用图像、短信等电子数据和信息的业务活动。包括基础电信服务和增值电信服务。

4. 建筑服务

建筑服务是指各类建筑物、构筑物及其附属设施的建造、修缮、装饰，线路、管道、设备、设施等的安装以及其他工程作业的业务活动。包括工程服务、安装服务、修缮服务、装饰服务和其他建筑服务。

5. 金融服务

金融服务是指经营金融保险的业务活动。包括贷款服务、直接收费金融服务、保险服务和金融商品转让。

6. 现代服务

现代服务，是指围绕制造业、文化产业、现代物流产业等提供技术性、知识性服务的业务活动。包括研发和技术服务、信息技术服务、文化创意服务、物流辅助服务、租赁服务、鉴证咨询服务、广播影视服务、商务辅助服务和其他现代服务。

7. 生活服务

生活服务是指为满足城乡居民日常生活需求而提供的各类服务活动。包括文化体育服务、教育医疗服务、旅游娱乐服务、餐饮住宿服务、居民日常服务和其他生活服务。

（五）销售无形资产

销售无形资产是指转让无形资产所有权或者使用权的业务活动。无形资产，是指不具有实物形态，但能带来经济利益的资产，包括技术、商标、著作权、商誉、自然资源使用权和其他权益性无形资产。自然资源使用权，包括土地使用权、海域使用权、探矿权、采矿权、取水权和其他自然资源使用权。其他权益性无形资产，包括基础设施资产经营权、公共事业特许权、配额、经营权（包括特许经营权、连锁经营权、其他经营权）、经销权、分销权、代理权、会员权、席位权、网络游戏虚拟道具、域名、名称权、肖像权、冠名权、转会费等。

（六）销售不动产

销售不动产是指转让不动产所有权的业务活动。不动产，是指不能移动或者移动后会引起性质、形状发生改变的财产，包括建筑物、构筑物等。建筑物，包括住宅、商业营业用房、办公楼等可供居住、工作或者进行其他活动的建造物。构筑物，包括道路、桥梁、隧道、水坝等建造物。

转让建筑物有限产权或者永久使用权的，转让在建的建筑物或者构筑物所有权的，以及在转让建筑物或者构筑物时一并转让其所占土地的使用权的，按照销售不动产缴纳增值税。

（七）视同销售行为

视同销售行为，即没有直接发生销售，但也要按照正常销售行为征税。结合相关文件及规定，将视同销售行为总结为以下10种：

（1）将货物交付其他单位或者个人代销。

（2）销售代销货物。

（3）设有两个以上机构并实行统一核算的纳税人，将货物从一个机构移送至其他机构用于销售，但相关机构设在同一县（市）的除外。

“用于销售”是指售货机构发生以下情形之一的经营行为：向购货方开具发票；向购货方收取货款。

售货机构的货物移送行为有上述情形之一的，应当向所在地税务机关缴纳增值税；未发生上述两种情形的，则应由总机构统一缴纳增值税。

如果售货机构只就部分货物向购买方开具发票或收取货款，则应当区别不同情况计算并分别向总机构所在地或分支机构所在地缴纳税款。

（4）将自产、委托加工的货物用于集体福利或者个人消费。集体福利是指企业内部设置的供职工使用的食堂、浴室、理发室、宿舍、幼儿园等福利设施及其设备、物品。

个人消费是指以福利、奖励、津贴等形式发给职工的个人物品，包括纳税人的交际应酬消费。

（5）将自产、委托加工或者购进的货物作为投资，提供给其他单位或者个体工商户。

（6）将自产、委托加工或者购进的货物分配给股东或者投资者。

（7）将自产、委托加工或者购进的货物无偿赠送其他单位或者个人。

（8）单位或者个体工商户向其他单位或者个人无偿提供服务，但用于公益事业或者以社会公众为对象的除外。

（9）单位或者个人向其他单位或者个人无偿转让无形资产或者不动产，但用于公益事业或者以社会公众为对象的除外。

（10）财政部和国家税务总局规定的其他情形。

（八）特殊经营行为和产品

（1）纳税人销售货物，提供加工和修理修配劳务，销售服务、无形资产或者不动产适用不同税率或者征收率的，应当分别核算适用不同税率或者征收率的销售额，未分别核算销售额的，按照以下方法选择适用税率或者征收率：

1）兼有不同税率的销售货物，提供加工和修理修配劳务，销售服务、无形资产或者不动产，从高适用税率。

2）兼有不同征收率的销售货物，提供加工和修理修配劳务，销售服务、无形资产或者不动产，从高适用征收率。

3）兼有不同税率和征收率的销售货物，提供加工和修理修配劳务，销售服务、无形资产或者不动产，从高适用税率。

（2）一项销售行为如果既涉及服务又涉及货物，则为混合销售行为。从事货物的生产、批发或者零售的单位和个体工商户的混合销售行为，按照销售货物缴纳增值税；其他单位和个体工商户的混合销售行为，按照销售服务缴纳增值税。

（3）纳税人兼营免税、减税项目的，应当分别核算免税、减税项目的销售额；未分别核算的，不得免税、减税。

**纳税筹划思路**

1. 选择不同应税行为以达到税负最低化。
2. 利用混合销售行为和兼营行为转化实现税负最低化。
3. 利用好免税、减税政策。

## 三、增值税的税率和征收率

我国增值税采用比例税率形式。为了发挥增值税的中性作用，原则上，增值税的税率应该对不同行业的不同企业实行单一税率。实践中，为照顾一些特殊行业或产品，增设了低税率档次，对出口产品实行零税率。为了适应增值税纳税人分成两类的情况，对这两类纳税人采用不同的税率和征收率。

### （一）增值税的税率

1. 基本税率

增值税一般纳税人销售或者进口货物、提供应税劳务、提供应税服务，除低税率适用范围外，税率一律为13%，这就是通常所说的基本税率。

2. 9%税率

纳税人销售交通运输服务、邮政服务、基础电信服务、建筑服务、不动产租赁服务，销售不动产，转让土地使用权，销售或进口下列货物适用9%的税率：

（1）粮食、食用植物油、食用盐。

（2）自来水、暖气、冷气、热水、煤气、石油液化气、天然气、沼气、居民用煤炭制品。

（3）图书、报纸、杂志。

（4）饲料、化肥、农药、农机、农膜。

（5）农产品（指各种动物、植物初级产品）、二甲醚、音像制品和电子出版物。

（6）国务院规定的其他货物。

纳税人兼营销售货物、劳务、服务、无形资产或者不动产，适用不同税率或者征收率的，应当分别核算适用不同税率或者征收率的销售额；未分别核算的，从高适用税率。

3. 6%税率

纳税人提供现代服务业务（租赁服务除外），增值电信服务、金融服务、生活服务，销售无形资产（转让土地使用权除外），适用6%的税率。

4. 零税率

（1）纳税人出口货物，适用增值税零税率。

（2）跨境销售下列服务、无形资产，适用增值税零税率：

1）国际运输服务。包括在境内载运旅客或者货物出境；在境外载运旅客或者货物入境；在境外载运旅客或者货物。

2）航天运输服务。

3）向境外单位提供的完全在境外消费的下列服务：研发服务；合同能源管理服务；设计服务；广播影视节目（作品）的制作和发行服务；软件服务；电路设计及测试服务；信息系统服务；业务流程管理服务；离岸服务外包业务；转让技术。

4）财政部和国家税务总局规定的其他服务。

### （二）增值税的征收率

1. 征收率3%

（1）小规模纳税人，适用3%的征收率。小规模纳税人，包括“营改增”小规模纳税人，如交通运输业、邮政业、建筑业、金融业、现代服务业、生活服务业小规模纳税人，均按3%征收率计征增值税。

（2）一般纳税人销售自产的下列货物，可按照简易计税办法依照3%征收率计税：

1）县级及县级以下小型水力发电单位生产的电力。小型水力发电单位，是指各类投资主体建设的装机容量为5万千瓦以下（含5万千瓦）的小型水力发电单位。

2）建筑用和生产建筑材料所用的砂、土、石料。

3）以自己采掘的砂、土、石料或其他矿物连续生产的砖、瓦、石灰（不含黏土实心砖瓦）。

4）用微生物、微生物代谢产物、动物毒素、人或动物的血液或组织制成的生物制品。

5）自来水。

6）商品混凝土（仅限于以水泥为原料生产的水泥混凝土）。

（3）可按照简易计税方法依照3%征收率计税的行为：

1）公共交通运输服务。公共交通运输服务包括轮客渡、公交客运、地铁、城市轻轨、出租车、长途客运、班车提供的运输服务。班车，是指按固定路线、固定时间运营并在固定站点停靠的运送旅客的陆路运输服务。

2）经认定的动漫企业为开发动漫产品提供的动漫脚本编撰、形象设计、背景设计、动画设计、分镜、动画制作、摄制、描线、上色、画面合成、配音、配乐、音效合成、剪辑、字幕制作、压缩转码（面向网络动漫、手机动漫格式适配）服务，以及在境内转让动漫版权（包括动漫品牌、形象或者内容的授权及再授权）。

3）电影放映服务、仓储服务、装卸搬运服务、收派服务和文化体育服务。

4）以纳入“营改增”试点之日前取得的有形动产为标的物提供的经营租赁服务。

5）在纳入“营改增”试点之日前签订的尚未执行完毕的有形动产租赁合同。

6）建筑服务。

第一，一般纳税人以清包工方式提供的建筑服务，可以选择适用简易计税方法计税。以清包工方式提供建筑服务，是指施工方不采购建筑工程所需的材料或只采购辅助材料，并收取人工费、管理费或者其他费用的建筑服务。

第二，一般纳税人为甲供工程提供的建筑服务，可以选择适用简易计税方法计税。甲供工程是指全部或部分设备、材料、动力由工程发包方自行采购的建筑工程。

第三，一般纳税人为建筑工程老项目提供的建筑服务，可以选择适用简易计税方法计税。

7）公路经营企业中的一般纳税人收取试点前开工的高速公路的车辆通行费，可以选择适用简易计税方法，减按3%的征收率计算应纳税额。

试点前开工的高速公路是指相关施工许可证明上注明的合同开工日期在2016年4月30日前的高速公路。

2. 征收率5%

纳税人（包括一般纳税人和小规模纳税人）销售不动产以及不动产经营租赁部分业务，依照5%的征收率计征增值税。

（1）销售不动产。

1）一般纳税人销售其2016年4月30日前取得（不含自建）的不动产，可以选择适用简易计税方法，以取得的全部价款和价外费用减去该项不动产购置原价或者取得不动产时的作价后的余额为销售额，按照5%的征收率计算应纳税额。

2）一般纳税人销售其2016年4月30日前自建的不动产，可以选择适用简易计税方法，以取得的全部价款和价外费用为销售额，按照5%的征收率计算应纳税额。

3）小规模纳税人销售其取得（不含自建）的不动产（不含个体工商户销售购买的住房和其他个人销售不动产），应以取得的全部价款和价外费用减去该项不动产购置原价或者取得不动产时的作价后的余额为销售额，按照5%的征收率计算应纳税额。

4）小规模纳税人销售其自建的不动产，应以取得的全部价款和价外费用为销售额，按照5%的征收率计算应纳税额。

5）房地产开发企业中的一般纳税人，销售自行开发的房地产老项目，可以选择适用简易计税方法按照5%的征收率计税。房地产老项目，是指《建筑工程施工许可证》注明的合同开工日期在2016年4月30日前的房地产项目。

6）房地产开发企业中的小规模纳税人，销售自行开发的房地产项目，按照5%的征收率计税。

7）其他个人销售其取得（不含自建）的不动产（不含其购买的住房），应以取得的全部价款和价外费用减去该项不动产购置原价或者取得不动产时的作价后的余额为销售额，按照5%的征收率计算应纳税额。

8）个人将购买不足2年的住房对外销售的，按照5%的征收率全额缴纳增值税；个人将购买2年以上（含2年）的非普通住房对外销售的，以销售收入减去购买住房价款后的差额按照5%的征收率缴纳增值税；个人将购买2年以上（含2年）的普通住房对外销售的，免征增值税。上述政策仅适用于北京市、上海市、广州市和深圳市。

（2）不动产经营租赁部分业务。

1）一般纳税人出租其2016年4月30日前取得的不动产，可以选择适用简易计税方法，按照5%的征收率计算应纳税额。

2）小规模纳税人出租其取得的不动产（不含个人出租住房），应按照5%的征收率计算应纳税额。

3）其他个人出租其取得的不动产（不含住房），应按照5%的征收率计算应纳税额。

4）个人出租住房，应按照5%的征收率减按1.5%计算应纳税额。

此外，中外合作油（气）田开采的原油、天然气，按实物征收增值税，征收率为5%。在计征增值税时，不抵扣进项税额。原油、天然气出口时，不予退税。

**纳税筹划思路**

1. 利用好税率差异实现避税目的。
2. 利用好税率和征收率差异实现避税目的。
3. 利用好减征税率政策。

## 四、增值税的计税方法

增值税的计税方法，包括一般计税方法、简易计税方法和扣缴计税方法。

### （一）一般纳税人适用的计税方法

一般纳税人销售货物或者提供应税劳务和应税服务适用一般计税方法计税。其计算公式是：

当期应纳增值税额＝当期销项税额－当期进项税额

但是一般纳税人销售或提供财政部和国家税务总局规定的特定的货物、应税劳务、应税服务，可以选择适用简易计税方法计税，一经选择，36个月内不得变更。

### （二）小规模纳税人适用的计税方法

小规模纳税人销售货物、提供应税劳务和应税服务适用简易计税方法计税。但是一般纳税人销售或提供财政部和国家税务总局规定的特定的货物、应税劳务、应税服务，也可以选择适用简易计税方法计税。简易计税方法的计算公式是：

当期应纳增值税额＝当期销售额（不含增值税）×征收率

### （三）扣缴义务人适用的计税方法

境外单位或者个人在境内提供应税服务，在境内未设有经营机构的，扣缴义务人按照下列公式计算应扣缴税额：

应扣缴税额＝接受方支付的价款÷(1＋税率)×税率

## 五、一般计税方法应纳税额的计算

增值税一般纳税人销售货物或者提供应税劳务和应税服务的应纳税额，应该等于当期销项税额抵扣当期进项税额后的余额。其计算公式如下：

当期应纳税额＝当期销项税额－当期进项税额

＝当期销售额×适用税率－当期进项税额

### （一）销项税额的计算

在销售活动中，为了达到促销的目的，企业会采用多种销售方式。不同销售方式下，销售者取得的销售额会有所不同。如何对不同销售方式确定其计征增值税的销售额，既是纳税人关心的问题，也是税法必须予以明确规定的内容。税法对以下几种销售方式分别做了规定。

1. 折扣方式销售

在销售活动中，为了达到促销目的，常常会采取折扣方式销售。折扣方式销售又包括商业折扣、现金折扣及销售折让三种。商业折扣又叫折扣销售，销售额和折扣额在同一张发票的“金额”栏分别注明的，可按折扣后的销售额征收增值税；现金折扣又叫销售折扣，由于其发生在销售之后，是一种融资性质的理财费用，因此现金折扣不得从销售额中扣除；销售折让应当从当期的销项税额中扣除。

2. 以旧换新销售

以旧换新是指纳税人在销售自己的货物时，有偿收回旧货物的行为。金银首饰以外的以旧换新业务，应按新货物的同期销售价格确定销售额，不得减除旧货的收购价格。

3. 还本销售

还本销售是指纳税人在销售货物后，到一定期限由销售方一次或分次退还给购货方全部或部分价款。还本销售的销售额是货物的销售价格，不得从销售额中减除还本支出。

4. 采取以物易物方式销售

以物易物是一种较为特殊的购销活动，是指购销双方不是以货币结算，而是以同等价款的货物相互结算，以实现货物购销的一种方式。以物易物的双方应该以各自发出的货物核算销售额并计算销项税额。

5. 包装物押金的税务处理

包装物是指纳税人包装本单位货物的各种物品。纳税人销售货物时另收取包装物押金，目的是促使购货方及早退回包装物以便周转使用。根据税法的规定，纳税人为销售货物而出租出借包装物收取的押金，单独记账核算的，时间在1年以内又未过期的，不并入销售额征税，但对因逾期未收回包装物不再退还的押金，应按所包装货物的适用税率计算销项税额。上述规定中，“逾期”是指按合同约定实际逾期或以1年为期限，对收取1年以上的押金，无论是否退还均并入销售额征税。需要注意，在将包装物押金并入销售额征税时，需要先将该押金换算为不含税价，再并入销售额征税。另外，对销售除啤酒、黄酒外的其他酒类产品而收取的包装物押金，无论是否返还以及会计上如何核算，均应并入当期销售额征税。对销售啤酒、黄酒所收取的押金，按上述一般押金的规定处理。

### 纳税筹划思路

1. 将高税率应税行为向低税率应税行为转化以实现避税。
2. 通过合理降低计税销售额以实现避税。
3. 通过合同约定收款时间以达到避税目的。
4. 选择不同销售方式以实现避税。
5. 合理选择一般计税方法与简易计税方法以实现避税。

（二）进项税额的计算

纳税人购进货物或者接受应税劳务和应税服务支付或者负担的增值税额，为进项税额。

1. 准予从销项税额中抵扣的进项税额

根据我国《增值税暂行条例》的规定，准予从销项税额中抵扣的进项税额，限于下列增值税扣税凭证上注明的增值税额和按规定的扣除率计算的进项税额：

（1）从销售方或者提供方取得的增值税专用发票（含税控机动车销售统一发票和中华人民共和国税收缴款凭证，下同）上注明的增值税额。

（2）从海关取得的海关进口增值税专用缴款书上注明的增值税额。

纳税人进口货物，凡已缴纳了进口环节增值税的，不论其是否已经支付货款，其取得的海关进口增值税专用缴款书均可作为增值税进项税额抵扣凭证，在规定的期限内申报抵扣进项税额。

（3）农产品的扣税额。一般纳税人购进农产品，除取得增值税专用发票或者海关进口增值税专用缴款书外，按照农产品收购发票或者销售发票上注明的农产品买价和扣除率计算的进项税额。计算公式为：

进项税额＝买价×扣除率

2. 不得从销项税中抵扣的进项税额

（1）购进货物或接受应税劳务、应税服务未按照规定取得并保存增值税扣税凭证，或者增值税扣税凭证上未按照规定注明增值税额及其他有关事项的，其发生的进项税额不得从销项税额中抵扣。

（2）用于简易计税方法计税项目、免征增值税项目、集体福利或者个人消费的购进货物、加工和修理修配劳务、服务、无形资产和不动产。

（3）非正常损失的购进货物，以及相关的加工、修理修配劳务和交通运输业服务。

（4）非正常损失的在产品、产成品所耗用的购进货物（不包括固定资产）、加工和修理修配劳务和交通运输业服务。

（5）非正常损失的不动产，以及该不动产所耗用的购进货物、设计服务和建筑服务。

（6）非正常损失的不动产在建工程所耗用的购进货物、设计服务和建筑服务。

（7）购进的旅客运输服务、贷款服务、餐饮服务、居民日常服务和娱乐服务。

（8）纳税人接受贷款服务向贷款方支付的与该笔贷款直接相关的投融资顾问费、手续费、咨询费等费用，其进项税额不得从销项税额中抵扣。

(9) 财政部和国家税务总局规定的其他情形。

3. 进项税额转出的规定

纳税人购进货物或接受应税劳务已经抵扣进项税额，但由于事后改变用途或者由于在产品、产成品等发生非正常损失等，出现不得抵扣进项税额的情形，应做进项税额转出处理。

无法准确确定该项进项税额的，按当期该货物或应税劳务的实际成本计算应扣减的进项税额。

一般纳税人兼营免税项目或非应税劳务而无法划分不得抵扣的进项税额的，按下列公式计算不得抵扣的进项税额：

不得抵扣的进项税额＝当月无法准确划分的全部进项税额×（当月免税项目销售额、非应税项目营业额合计÷当月全部销售额、营业额合计）＋当月可准确划分用于免税项目和非应税项目的进项税额

4. 进项税额申报抵扣时间

增值税一般纳税人申请抵扣的防伪税控系统开具的增值税专用发票必须经过认证，否则不予抵扣进项税额。

**纳税筹划思路**

1. 一般纳税人在同类价格下尽量取得专用发票而不是普通发票。
2. 通过比价来实现购进货物抵税最大化。
3. 合理选择进项税额抵扣时限。
4. 利用好留抵退税政策。
5. 合理选择供应商以达到利润最大化。

## 六、增值税的纳税义务发生时间、纳税期限以及纳税地点

### （一）增值税的纳税义务发生时间

1. 基本规定

根据我国《增值税暂行条例》第十九条的规定，增值税纳税义务发生时间为：

(1) 发生应税销售行为，为收讫销售款项或者取得索取销售款项凭据的当天；先开具发票的，为开具发票的当天。

(2) 进口货物，为报关进口的当天。

2. 具体规定

根据我国《增值税暂行条例实施细则》第三十八条的规定，增值税纳税义务发生时间具体为：

(1) 采取直接收款方式销售货物，不论货物是否发出，均为收到销售款或者取得索取销售款凭据的当天。

(2) 采取托收承付和委托银行收款方式销售货物，为发出货物并办妥托收手续的当天。

(3) 采取赊销和分期收款方式销售货物，为书面合同约定的收款日期的当天，无书面

合同的或者书面合同没有约定收款日期的，为货物发出的当天。

（4）采取预收货款方式销售货物，为货物发出的当天，但生产销售生产工期超过 12 个月的大型机械设备、船舶、飞机等货物，为收到预收款或者书面合同约定的收款日期的当天。

（5）委托其他纳税人代销货物，为收到代销单位的代销清单或者收到全部或者部分货款的当天。未收到代销清单及货款的，为发出代销货物满 180 天的当天。

（6）销售应税劳务，为提供劳务同时收讫销售款或者取得索取销售款凭据的当天。

（7）纳税人发生下列视同销售货物行为，增值税纳税义务发生时间为货物移送的当天：

1）设有两个以上机构并实行统一核算的纳税人，将货物从一个机构移送其他机构用于销售，但相关机构设在同一县（市）的除外；

2）将自产或者委托加工的货物用于非增值税应税项目；

3）将自产、委托加工的货物用于集体福利或者个人消费；

4）将自产、委托加工或者购进的货物作为投资，提供给其他单位或者个体工商户；

5）将自产、委托加工或者购进的货物分配给股东或者投资者；

6）将自产、委托加工或者购进的货物无偿赠送其他单位或者个人。

### （二）增值税的纳税期限

1. 增值税纳税期限的规定

增值税的纳税期限分别为 1 日、3 日、5 日、10 日、15 日、1 个月或者 1 个季度。纳税人的具体纳税期限，由主管税务机关根据纳税人应纳税额的大小分别核定。以 1 个季度为纳税期限的规定适用于小规模纳税人、银行、财务公司、信托投资公司、信用社，以及财政部和国家税务总局规定的其他纳税人。不能按照固定期限纳税的，可以按次纳税。

2. 增值税报缴税款期限的规定

（1）纳税人以 1 个月或者 1 个季度为纳税期的，自期满之日起 15 日内申报纳税；以 1 日、3 日、5 日、10 日或者 15 日为一期纳税的，自期满之日起 5 日内预缴税款，于次月 1 日起 15 日内申报纳税并结清上月应纳税款。

（2）纳税人进口货物，应当自海关填发增值税专用缴款书之日起 15 日内缴纳税款。

### （三）增值税的纳税地点

（1）固定业户应当向其机构所在地或者居住地主管税务机关申报纳税。总机构和分支机构不在同一县（市）的，应当分别向各自所在地的主管税务机关申报纳税；经财政部和国家税务总局或者其授权的财政和税务机关批准，可以由总机构汇总向总机构所在地的主管税务机关申报纳税。

（2）非固定业户应当向应税行为发生地主管税务机关申报纳税；未申报纳税的，由其机构所在地或者居住地主管税务机关补征税款。

（3）其他个人提供建筑服务，销售或者租赁不动产，转让自然资源使用权，应向建筑服务发生地、不动产所在地、自然资源所在地主管税务机关申报纳税。

（4）扣缴义务人应当向其机构所在地或者居住地主管税务机关申报缴纳扣缴的税款。

## 七、增值税的税收优惠

### （一）增值税的免税项目

根据我国《增值税暂行条例》的规定，下列项目免征增值税：

（1）农业生产者销售的自产农产品。农业，是指种植业、养殖业、林业、牧业、水产业。农业生产者，包括从事农业生产的单位和个人。农产品，是指初级农产品，具体范围由财政部、国家税务总局确定。

（2）避孕药品和用具。

（3）古旧图书，是指向社会收购的古书和旧书。

（4）直接用于科学研究、科学试验和教学的进口仪器、设备。

（5）外国政府、国际组织无偿援助的进口物资和设备。

（6）由残疾人组织直接进口的供残疾人专用的物品。

（7）销售的自己使用过的物品，是指其他个人自己使用过的物品。

（8）根据国家指令无偿提供的铁路运输服务、航空运输服务，属于《营业税改征增值税试点实施办法》第十四条规定的（向其他单位或者个人无偿提供）用于公益事业的服务。

（9）存款利息。

（10）被保险人获得的保险赔付。

（11）房地产主管部门或者其指定机构、公积金管理中心、开发企业以及物业管理单位代收的住房专项维修基金。

（12）在资产重组过程中，通过合并、分立、出售、置换等方式，将全部或者部分实物资产以及与其相关联的债权、负债和劳动力一并转让给其他单位和个人，其中涉及的不动产、土地使用权转让行为。

除上述规定外，增值税的免税、减税项目由国务院规定。任何地区、部门均不得规定免税、减税项目。据此，国务院财政、税务主管部门还颁布了一系列有关增值税的免税项目的规范性文件，主要内容如下：

（1）对销售下列自产货物实行免征增值税政策：再生水、以废旧轮胎为全部生产原料生产的胶粉、翻新轮胎、生产原料中掺兑废渣比例不低于30%的特定建材产品。

（2）对污水处理劳务免征增值税。

（3）对残疾人个人提供的加工、修理修配劳务免征增值税。

（4）对饲料级磷酸二氢钙产品可按照现行“单一大宗饲料”的增值税政策规定，免征增值税。纳税人销售饲料级磷酸二氢钙产品，不得开具增值税专用发票；凡开具增值税专用发票的，不得享受免征增值税政策，应全额缴纳增值税。

（5）自2007年7月1日起，纳税人生产销售和批发、零售滴灌带和滴灌管产品免征增值税。

（6）自2009年1月1日起，单位和个人销售再生资源，应当依法缴纳增值税，但个人（不含个体工商户）销售自己使用过的废旧物品免征增值税。

（7）自2012年1月1日起，符合条件的纳税人销售的熊猫普制金币免征增值税。

（8）自 2013 年 1 月 1 日起，免税化肥成本占该硝基复合肥原料中全部化肥成本的比重高于 70%的免征增值税。

（9）自 2012 年 10 月 1 日起，从事农产品批发、零售的纳税人销售的部分鲜活肉蛋产品免征增值税。

（10）自 2013 年 12 月 1 日起，纳税人在资产重组过程中，通过合并、分立、出售、置换等方式，将全部或者部分实物资产及与其相关联的债权、负债经多次转让后，最终的受让方与劳动力接收方为同一单位和个人的，仍适用《国家税务总局关于纳税人资产重组有关增值税问题的公告》（国家税务总局公告 2011 年第 13 号）的相关规定，其中对货物的多次转让行为均不征收增值税。资产的出让方需将资产重组方案等文件资料报其主管税务机关。

（11）自 2021 年 4 月 1 日至 2022 年 12 月 31 日，对月销售额 15 万元以下（含本数）的增值税小规模纳税人，免征增值税。

### （二）纳税人放弃免税权

纳税人销售货物或应税劳务适用免税规定的，可以放弃免税，依照《增值税暂行条例》的规定缴纳增值税。放弃免税后，36 个月内不得再申请免税。

### （三）增值税的即征即退或先征后返（退）

增值税的即征即退，是指先按规定缴纳增值税，再由财政部门委托税务部门审批后办理退税手续；先征后返（退），是指先按规定缴纳增值税，再由财政部门或税务部门审批，按照纳税人实际缴纳的税额全部或部分返还或退还已纳税款。

**纳税筹划思路**

1. 最大限度地利用企业税收优惠政策。
2. 创设条件利用好税收优惠政策。
3. 适度选择是否享受免税来达到利润最大化。

## 任务二　增值税纳税人身份筹划

### ◆税收法律依据

我国增值税纳税义务人分为一般纳税人和小规模纳税人，两者在税款征收方式上有所不同，在身份认定上也有一定的选择空间，这为企业利用增值税纳税人身份进行纳税筹划提供了必要性和一定范围内的可行性。

增值税一般纳税人可以领购、开具增值税专用发票，在一般计税方法下可以抵扣进项税额；小规模纳税人不能领购、自行开具增值专用发票（部分行业的小规模纳税人可以自行开具增值税专用发票），能够自行开具增值税普通发票，或申请主管税务机关代开增值税专用发票，但不能抵扣进项税额。

我国增值税一般纳税人和小规模纳税人的税款征收方式有所不同。一般纳税人实行税款抵扣制度，可以从销项税额中抵扣进项税额。一般纳税人销售或者进口货物，提供加工、修理修配劳务，基本税率为 13%；部分货物适用 9%的低税率。小规模纳税人实行简易征收，不允许抵扣进项税额，以销售额乘以征收率（3%或1%）来计算应纳税额。

《国家税务总局关于明确二手车经销等若干增值税征管问题的公告》（国家税务总局公告2020年第9号）规定，一般纳税人符合以下条件的，在2020年12月31日前，可选择转登记为小规模纳税人：转登记日前连续12个月（以1个月为1个纳税期）或者连续4个季度（以1个季度为1个纳税期）累计销售额未超过500万元。

一般纳税人转登记为小规模纳税人的其他事宜，按照《国家税务总局关于统一小规模纳税人标准等若干增值税问题的公告》（国家税务总局公告2018年第18号）、《国家税务总局关于统一小规模纳税人标准有关出口退（免）税问题的公告》（2018年第20号）的相关规定执行。

增值税一般纳税人的优势在于：增值税一般纳税人可以抵扣增值税进项税额；增值税一般纳税人销售货物时可以向对方开具增值税专用发票。

增值税小规模纳税人的优势在于：增值税小规模纳税人不能抵扣的增值税进项税额将直接计入产品成本，最终可以起到抵减企业所得税的作用；增值税小规模纳税人销售货物因不开具增值税专用发票，即不必由对方负担增值税销项税额，因此销售价格相对较低。

**工作案例2-1** 某公司为商贸企业，预计年不含税销售额为70万元，不含税购进额为60万元，该公司如何进行纳税人身份的选择？

**筹划思路**

采用无差别平衡点增值率判别法。从两类纳税人的计税原理看，在销售价格相同的情况下，应纳税额的大小取决于增值率的大小。设当期不含税销售额为$S$，可抵扣购进项目不含税购进额（适用的增值税税率均为$A$）为$P$，小规模纳税人适用的征收率为$B$，设$X$为增值率，则$X=(S-P)/S$。

一般纳税人应纳增值税额$=S\times A-P\times A$，小规模纳税人应纳增值税额$=S\times B$，当两类纳税人应纳税额相等时，即$S\times A-P\times A=S\times B$，增值率为无差别平衡点增值率，即：$X'$（平衡点）$=(S-P)/S=B/A$。

1. 如果$X>X'$（平衡点），即$X>B/A$，小规模纳税人应纳税额小于一般纳税人，适宜选择作为小规模纳税人。

2. 如果$X<X'$（平衡点），即$X<B/A$，一般纳税人应纳税额小于小规模纳税人，适宜选择作为一般纳税人。

**筹划过程**

$X'$（平衡点）$=B/A\times 100\%=3\%/13\%\times 100\%=23.08\%$

$X=(S-P)/S\times 100\%=(70-60)/70\times 100\%=14.28\%$

**筹划结论**

该公司的增值率小于平衡点，一般纳税人应纳税额小于小规模纳税人，因此适宜选择作为一般纳税人。

**筹划点评**

利用无差别平衡点选择增值税纳税人身份，可以减轻企业的增值税负担，但是实际选择时还要考虑其他因素，不能单独考虑税负问题。

**工作案例 2-2** 某公司为商贸企业，预计年含税销售额为60万元，含税购货金额为40万元，如何进行纳税人身份的选择？

**筹划思路**

采用含税购货金额占含税销售额比重判别法。当纳税人的数据是含税销售额和含税购货金额时，可根据含税购货金额占含税销售额比重大小来进行纳税人身份的选择。假设当期含税销售额为$S$，含税购货金额为$P$，一般纳税人销售和购货适用的增值税税率均为$A$，小规模纳税人征收率为$B$。

一般纳税人应纳增值税额$=S/(1+A)\times A-P/(1+A)\times A$，小规模纳税人应纳增值税额$=S/(1+B)\times B$，当两类纳税人应纳税额相等时，即$S/(1+A)\times A-P/(1+A)\times A=S/(1+B)\times B$，解得平衡点含税购货金额和含税销售额的关系为：$P=S\times(A-B)/[A\times(1+B)]$。

1. 如果$P>S\times(A-B)/[A\times(1+B)]$，一般纳税人应纳税额小于小规模纳税人，适宜选择作为一般纳税人。

2. 如果$P<S\times(A-B)/[A\times(1+B)]$，小规模纳税人应纳税额小于一般纳税人，适宜选择作为小规模纳税人。

**筹划过程**

当含税购货金额$P=40$万元时：

$$S\times(A-B)/[A\times(1+B)]=60\times(13\%-3\%)/[13\%\times(1+3\%)]$$
$$=44.80\text{（万元）}$$

$P<S\times(A-B)/[A\times(1+B)]$，适宜选择作为小规模纳税人。

**筹划结论**

该公司的含税购货金额小于平衡点，因此适宜选择作为小规模纳税人。假定含税购货金额为50万元，则$P>S\times(A-B)/[A\times(1+B)]$，适宜选择作为一般纳税人。

**筹划点评**

在实际选择纳税人身份时，不能只考虑税负问题，还要考虑其他因素，例如客户需求、经营发展规划等。

**工作案例 2-3** 腾龙公司为增值税一般纳税人，2020年不含增值税销售额为2 500万元，销售货物适用的增值税税率为13%；年不含增值税可抵扣购货金金额为400万元，购进货物适用的增值税税率为13%，且能取得增值税专用发票。该公司既有与一般纳税人的销售业务，也有与小规模纳税人的销售业务，其中销售给小规模纳税人货物的不含增值税金额为350万元。请对上述业务进行纳税筹划。

**筹划思路**

如果企业的销项税额比较高而进项税额比较低，则会导致增值税税负较重。在这种情况下，若选择作为小规模纳税人，征收率为3%，虽不能抵扣进项税额，但整体上增值税税负较轻。因此，如果企业没有达到一般纳税人标准，就可以选择作为小规模纳税人；如果企业已经达到一般纳税人标准，可以考虑将企业分立为两个企业，分别选择作为小规模纳税人，在一定程度上降低增值税税负。

### 筹划过程

方案一：继续选择增值税一般纳税人身份，则

该公司应纳增值税=2 500×13%－400×13%=273（万元）

方案二：将开具增值税普通发票的业务分立出去重新注册一个乙公司，并将分立出的乙公司的年不含增值税销售额控制在500万元或以下。此时，腾龙公司仍为一般纳税人，乙公司为小规模纳税人。

腾龙公司应纳增值税=(2 500－350)×13%－400×(2 500－350)÷2 500×13%
=234.78（万元）

乙公司应纳增值税=350×3%=10.5（万元）

应纳增值税合计=234.78+10.5=245.28（万元）

### 筹划结论

方案二与方案一相比，少缴纳增值税27.72（273－245.28）万元，因此应当选择方案二。

### 筹划点评

本案例中，腾龙公司有一部分销售是与小规模纳税人的业务，因此分立出去的乙公司可以选择作为小规模纳税人，但如果公司的客户大多都是一般纳税人，将使公司受到开具增值税专用发票的制约，则公司就不适合选择作为小规模纳税人。因此，通过分立进行增值税纳税人身份的转化的纳税筹划要具体情况具体分析。

**工作案例2-4** 甲公司为一家商业企业，属于增值税小规模纳税人，2020年应税销售额为400万元，该公司年购货金额为350万元。乙公司也为一家商业企业，年应税销售额为300万元，属于增值税小规模纳税人，该公司年购货金额为250万元，以上金额均不含税，假设采购货物时对方均可开具增值税专用发票，税率为13%。请对上述业务进行纳税筹划。

### 筹划思路

由于一般纳税人在一般计税方法下可以抵扣进项税额，而小规模纳税人不得抵扣进项税额，因此，小规模纳税人的税负可能会重于一般纳税人。若小规模纳税人自身不具备转化为一般纳税人的条件（年应税销售额未达到标准或者其他原因），则可以考虑通过合并其他小规模纳税人转化为一般纳税人，从而享有一般纳税人可以抵扣进项税额的税收待遇。

### 筹划过程

方案一：甲公司不合并乙公司，则

甲公司应纳增值税=400×3%=12（万元）

乙公司应纳增值税=300×3%=9（万元）

甲公司与乙公司应纳增值税合计=12+9=21（万元）

方案二：甲公司合并乙公司，并登记为一般纳税人，则

合并后的集团公司应纳增值税=(400+300)×13%－(350+250)×13%=13(万元)

**筹划结论**

方案二与方案一相比，少缴纳增值税 8（21—13）万元，因此应选择方案二。

**筹划点评**

小规模纳税人一旦通过合并转化为一般纳税人，就不能再恢复为小规模纳税人。如果企业的客户大多是小规模纳税人，则企业自身不适合作为一般纳税人。因此，当通过合并变“小规模纳税人”为“一般纳税人”进行纳税筹划时，需要具体情况具体分析。

# 任务三　增值税计税依据的筹划

## 情境一　销项税额的纳税筹划

◆税收法律依据

销项税额是指纳税人销售货物或者提供应税劳务和应税服务，按照销售额或提供应税劳务和应税服务收入与规定的税率计算并向购买方收取的增值税额。销项税额的计算公式为：

销项税额=销售额×适用税率

从销项税额的定义和公式中我们可以知道，它是由购买方在购买货物或者应税劳务和应税服务支付价款时，一并向销售方支付的税额。对于属于一般纳税人的销售方来说，在没有抵扣其进项税额前，销售方收取的销项税额还不是其应纳增值税额。销项税额的计算取决于销售额和适用税率两个因素。在适用税率既定的前提下，销项税额的大小主要取决于销售额的大小。

### 一、商业折扣的纳税筹划

◆税收法律依据

《国家税务总局关于印发〈增值税若干具体问题的规定〉的通知》（国税发〔1993〕154 号）第二条第（二）项规定，纳税人采取折扣方式销售货物，如果销售额和折扣额在同一张发票上分别注明的，可按折扣后的销售额征收增值税。《国家税务总局关于折扣额抵减增值税应税销售额问题通知》（国税函〔2010〕56 号）规定，纳税人采取折扣方式销售货物，销售额和折扣额在同一张发票上分别注明是指销售额和折扣额在同一张发票上的“金额”栏分别注明的，可按折扣后的销售额征收增值税。未在同一张发票“金额”栏注明折扣额，而仅在发票的“备注”栏注明折扣额的，折扣额不得从销售额中减除。

**工作案例 2-5**　甲公司为增值税一般纳税人，为促销商品给予客户以下优惠：凡一次性购买其产品达到 5 万元或 5 万元以上的（不含增值税），给予价格上 5%的折扣。2021 年 7 月，甲公司一次性销售给某客户 10 万元（不含增值税）的产品，该产品适用的增值税税率为 13%。请对上述业务进行纳税筹划。

筹划思路

企业采用折扣销售时，应在同一张发票的“金额”栏分别注明销售额和折扣额，以便按折扣后的销售额计征增值税，这样可以降低计税依据，从而减轻企业税负。

筹划过程

方案一：甲公司未将销售额和折扣额在同一张发票的“金额”栏分别注明，而仅在发票的“备注”栏注明折扣额。

增值税销项税额＝10×13％＝1.3（万元）

方案二：甲公司将销售额和折扣额在同一张发票的“金额”栏分别注明。

增值税销项税额＝10×(1－5％)×13％＝1.235（万元）

筹划结论

方案二与方案一相比，少缴纳增值税0.065（1.3－1.235）万元，因此应当选择方案二。

筹划点评

将销售额和折扣额在同一张发票的“金额”栏分别注明是举手之劳，能降低增值税税负。

## 二、现金折扣的纳税筹划

◆税收法律依据

现金折扣通常用“2/10，1/20，n/30”表示，其含义为：购货方若10天内付款，则货款折扣2％；若20天内付款，则货款折扣1％；若30天内付款，则需要全额付款。由于现金折扣发生在销货之后，是一种融资性质的理财费用，所以现金折扣不得从销售额中减除，而需要按全额计征增值税。

**工作案例2-6** 2021年7月，甲公司与购货方签订销售合同，金额为500万元（不含增值税），合同中约定的付款期为30天。若对方在10天内付款，则给予对方不含税金额20％的销售折扣；若对方在30天内付款，则不给予折扣。该货物适用的增值税税率为13％。请对上述业务进行纳税筹划。

筹划思路

由于现金折扣不得从销售额中减除，因此这种折扣方式无疑加重了企业的税收负担。企业可以修改合同规定，变“现金折扣”为“商业折扣”，以便达到节税目的。

筹划过程

方案一：采取现金折扣方式。折扣额不能从销售额中扣除，甲公司应按照500万元计算增值税销项税额。增值税销项税额＝500×13％＝65（万元）。

方案二：变“现金折扣”为“商业折扣”。甲公司主动压低该批货物的价格，将合同金额降低为400万元（不含增值税），相当于给对方20％折扣之后的金额；同时在合同中约定，购货方若超过10天付款，则加收113万元的滞纳金。在这种情况下，甲公司的收入并没有受到实质影响。

如果购货方在10天之内付款，则甲公司增值税销项税额＝400×13%＝52（万元），比方案一少缴纳增值税13（65—52）万元。如果购货方没有在10天之内付款，甲公司可向对方收取113万元滞纳金，并以全部价款和价外费用计算增值税销项税额，则增值税销项税额＝[400＋113÷(1＋13%)]×13%＝65（万元），与方案一的税负是一样的。

**筹划结论**

方案二与方案一相比，少缴纳或晚缴纳增值税13（65—52）万元，因此应当选择方案二。

**筹划点评**

由于存在滞纳金，一般情况下，购货方会选择在10天之内付款。10天之后付款对购货方来说不合算，而对甲公司来说很合算，因为增加了收入113万元（含增值税），因此方案二总是优于方案一。

## 三、实物折扣的纳税筹划

### ◆税收法律依据

纳税人采取折扣方式销售货物，如果销售额和折扣额在同一张发票的“金额”栏分别注明，可按折扣后的销售额征收增值税。折扣销售的税收优惠仅适用于价格折扣而不适用于实物折扣。如果销售者将自产、委托加工或购买的货物用于实物折扣销售，则该实物款不能从销售额中减除，且该实物应按《增值税暂行条例》中“视同销售货物”中的“无偿赠送他人”计算缴纳增值税。

**工作案例2-7** 某企业销售一批商品，共10 000件，每件不含税价格为100元，根据需要采取实物折扣的方式，即购买100件商品赠送10件商品，实际赠送1 000件商品。请计算该企业应当缴纳的增值税并提出纳税筹划方案。

**筹划思路**

企业在选择折扣方式时，应当尽量不选择实物折扣。当必须采用实物折扣的销售方式时，企业可以在发票上做适当的调整，变“实物折扣”为“价格折扣（商业折扣）”，以达到节税的目的。

**筹划过程**

方案一：采取实物折扣的方式。

销售10 000件产品的增值税销项税额＝100×13%＝13（万元）。

赠送的1 000件产品视同销售，则赠送产品的增值税销项税额＝100×0.1×13%＝1.3（万元）。

增值税销项税额合计＝13＋1.3＝14.3（万元）。

方案二：变“实物折扣”为“价格折扣（商业折扣）”。

将实物折扣在开具发票时变为价格折扣，即原价合计110万元打折，打折后的价格为100万元，且将原价110万元和折扣额10万元在同一张发票的“金额”栏中分别注明，则增值税销项税额＝100×13%＝13（万元）。

筹划结论

方案二与方案一相比，少缴纳增值税1.3（14.3－13）万元，因此应当选择方案二。

筹划点评

变换一下折扣方式，使之符合税法中关于折扣销售的规定，从而降低增值税税负。

## 情境二　进项税额的纳税筹划

◆税收法律依据

从增值税纳税人类别划分，企业供应商主要有两种：一种是增值税一般纳税人，另一种是增值税小规模纳税人。由于增值税实行凭增值税发票抵扣的制度，只有一般纳税人才能使用增值税专用发票。一般纳税人在小规模纳税人处购买的货物，进项税额抵扣有两种情况：(1) 获得的是税务部门代开的小规模纳税人专用发票，一般纳税人可按3%抵扣进项税额；(2) 获得的是小规模纳税人开具的普通发票，此时，不能抵扣进项税额。增值税一般纳税人从小规模纳税人处采购的货物不能进行抵扣，或只能抵扣3%，为了弥补因不能取得专用发票而产生的损失，必然要求小规模纳税人在价格上给予一定程度的优惠。

### 一、一般纳税人购货渠道选择的纳税筹划

**工作案例2－8**　某公司（一般纳税人）需要外购一批原材料，若从甲企业（一般纳税人，适用的增值税税率为13%）购入，则价格为100 000元（含税）；若从乙企业（小规模纳税人，可由税务所代开征收率为3%的专用发票）购入，则含税价格为95 000元。请问该公司应从何处购买原材料？

筹划思路

一般纳税人从一般纳税人处购买货物、劳务、服务、无形资产或者不动产，取得增值税专用发票或海关进口增值税专用缴款书的，以增值税专用发票或海关进口增值税专用缴款书上注明的增值税额为进项税额；从小规模纳税人处购买货物、劳务、服务、无形资产或者不动产取得增值税普通发票的，不得抵扣进项税额，但是一般纳税人若要求小规模纳税人到税务机关代开增值税专用发票，则可按3%的税率计算进项税额并予以抵扣。

筹划过程

方案一：从甲企业购买。

允许抵扣的进项税额＝100 000÷(1＋13%)×13%＝11 504.42（元）

所得税税前扣除的成本＝100 000÷(1＋13%)＝88 495.58（元）

方案二：从乙企业购买。

允许抵扣的进项税额＝95 000÷(1＋3%)×3%＝2 766.99（元）

所得税税前扣除的成本＝95 000÷(1＋3%)＝92 233.01（元）

### 筹划结论

方案一与方案二相比，多抵扣进项税额 8 737.43（11 504.42－2 766.99）元，相当于少缴纳增值税 8 737.43 元；税前成本少 3 737.43（92 233.01－88 495.58）元，相当于税前利润多 3 737.43 元，因此应当选择方案一。

### 筹划点评

一般纳税人选择购货渠道时，应考虑允许抵扣的进项税额以及购货成本。另外，从小规模纳税人处购买货物、劳务、服务、无形资产或者不动产，应尽量取得增值税专用发票，以便达到降低企业税负的目的。

## 二、变“收购非初级农产品”为“收购初级农产品”的纳税筹划

**工作案例 2－9** 红日公司为一家板材生产企业，2021 年 7 月从农民手中收购经加工过的板材 1 000 万元，并于当月全部领用，用于深度加工，假设农民加工这 1 000 万元板材耗用原木的成本为 700 万元。红日公司 2021 年 7 月销售经深度加工过的板材，取得不含税销售收入 3 000 万元。该公司适用的增值税税率为 13%，其他可抵扣进项税额为 100 万元。请对上述业务进行纳税筹划。

### 筹划思路

纳税人购进农产品，取得一般纳税人开具的增值税专用发票或海关进口增值税专用缴款书的，以增值税专用发票或海关进口增值税专用缴款书上注明的增值税额为进项税额；取得（开具）农产品销售发票或收购发票的，以农产品收购发票上注明的农产品买价和扣除率计算进项税额。

初级农产品就是没有经过任何加工的农业产品。初级农产品一旦经过加工，不论是简单加工还是复杂加工，都不符合税法规定的初级农产品的特点，就不能按照扣除率计算进项税额。因此，企业应该直接收购没有经过加工的农产品，以充分享受优惠政策，从而减轻税负。

### 筹划过程

方案一：红日公司从农民手中收购经加工的板材。

应纳增值税＝3 000×13%－100＝290（万元）

方案二：红日公司直接收购原木，然后雇用农民加工成板材。

应纳增值税＝3 000×13%－700×10%－100＝220（万元）

### 筹划结论

方案二与方案一相比，少缴纳增值税 70（290－220）万元，因此应当选择方案二。

### 筹划点评

加工后的农产品已不属于免税产品，红日公司收购了这样的农产品，因为没有取得专用发票而不得抵扣任何进项税额，农民也不能享受增值税免税的税收优惠，因此，对于双方来说都增加了增值税税负。另外，如果红日公司直接收购原木，再雇用农民加

工成板材，也会增加加工成本，公司需要比较降低的税负与增加支出的大小，从而做出正确的决策。

## 三、分立农业生产部门的纳税筹划

**工作案例 2-10** 某牛奶公司的主要生产流程如下：饲养奶牛生产牛奶，将产出的新鲜牛奶加工制成奶制品，销售给各大商业公司。奶制品适用的增值税税率为13%。进项税额主要由两部分组成：一是向农民个人收购免税农产品草料的进项税额，扣除率为10%；二是公司外购其他原材料可以抵扣的进项税额。已知该公司2020年度从农民生产者手中购入的草料金额为1 000万元，允许抵扣的进项税额为100万元，外购其他原材料（包括水电费等）的进项税额为80万元，全年奶制品不含税销售收入为5 000万元。将进项税额与销项税额相比，发现数额相差很大，致使该公司的增值税税负较重。请提出纳税筹划方案。

### 筹划思路

该牛奶公司的进项税额较低，销售奶制品的销项税额相对较高，造成进项税额与销项税额的数额相差很大，导致公司的增值税税负较重。如果该公司不生产鲜奶，而是购入鲜奶，这样就可以按照购入免税农产品计算抵扣进项税额，增值税税负就会降低。因此，可以建议该公司把饲养场和奶制品公司分为两个独立法人，采取奶制品公司购买饲养场的鲜奶的经营模式。一方面，饲养场可以享受销售自产农产品免征增值税的政策；另一方面，奶制品公司可以按采购鲜奶的买价乘以扣除率来计算抵扣进项税额，从而降低企业集团的增值税税负。

### 筹划过程

筹划前：该公司应纳增值税=5 000×13%-(100+80)=470（万元）。

筹划后：该公司可以将整个生产流程分成饲养和牛奶制品加工两部分，饲养场由独立的子公司来经营，该公司仅负责奶制品加工。纳税筹划之后，假定饲养场销售给奶制品公司的鲜奶售价为4 000万元，其他条件不变。该公司应纳增值税=5 000×13%-4 000×10%-80=170（万元），由于农业生产者销售的自产农产品免征增值税，因此饲养场销售鲜奶并不需要缴纳增值税。整个企业集团应纳的增值税为170万元，减轻增值税负担=470-170=300（万元）。

### 筹划结论

筹划后与筹划前相比，少缴纳增值税300（470-170）万元，大幅度减轻了公司的增值税负担。

### 筹划点评

该公司将饲养场和奶制品公司分为两个独立法人，必然要支出一部分开办费用及其他费用。但在实际中，这笔开办费用等与增值税的节税额相比要少得多，所以采用分立方式是非常划算的。

## 四、进项税额先抵扣后转出的纳税筹划

**工作案例 2-11** 甲公司为一般纳税人，下设食堂、宿舍等非独立核算部门。2020 年 5 月购进生产用材料一批，价值 565 万元（含增值税），取得增值税专用发票，准备用于上述非独立核算部门。截至 2021 年 4 月 30 日，上述非独立核算部门累计领用价值为 452 万元（含增值税）的材料用于集体福利或者个人消费，甲公司将剩余的价值为 113 万元（含增值税）的材料对外销售。请对上述业务进行纳税筹划。

**筹划思路**

企业购买的未来准备用于集体福利或者个人消费的材料，可以先将进项税额抵扣，然后在实际用于集体福利或者个人消费时，再将进项税额转出，从而达到延期纳税的目的。

**筹划过程**

方案一：2020 年 5 月，甲公司将购入材料的进项税额全部直接计入成本。可抵扣的进项税额为零，如果在 2021 年 4 月 30 日将剩余的材料销售，这部分材料可抵扣的进项税额＝113÷(1＋13%)×13%＝13（万元）。

实际抵扣的进项税额＝13（万元）

方案二：甲公司于 2020 年 5 月购买材料时，先将取得的增值税专用发票认证抵扣进项税额，以后用于集体福利或者个人消费时，陆续再将进项税额转出。

2020 年 5 月可抵扣的进项税额＝565÷(1＋13%)×13%＝65（万元）

2020 年 5 月至 2021 年 4 月 30 日，食堂、宿舍等非独立核算部门领用材料用于集体福利或者个人消费时：

需转出的进项税额累计＝452÷(1＋13%)×13%＝52（万元）

实际抵扣的进项税额＝65－52＝13（万元）

**筹划结论**

方案二与方案一相比，截止到 2021 年 4 月，实际抵扣的进项税额都是 13 万元，但是从 2020 年 5 月抵扣的进项税额来看，方案二比方案一多了 65 万元，因此应当选择方案二。

**筹划点评**

对于用于集体福利或者个人消费的购进货物、劳务、服务、无形资产或者不动产的进项税额，企业可以选择先抵扣后转出的筹划方法，这样可以先抵扣进项税额，降低购进当月的增值税税负，待以后实际用于集体福利或者个人消费时再将进项税额陆续转出，获取了相当于延期纳税的好处，取得了资金的时间价值。

# 任务四　增值税税率的筹划

◆税收法律依据

企业的销售行为不同，涉及的税率不同。

（1）混合销售行为。一项销售行为如果既涉及服务又涉及货物，为混合销售。从事货物的生产、批发或者零售的单位和个体工商户的混合销售行为，按照销售货物缴纳增值税；其他单位和个体工商户的混合销售行为，按照销售服务缴纳增值税。

（2）兼营行为。兼营行为是指纳税人发生的应税行为既包括销售货物、应税劳务、应税服务，又包括转让不动产、无形资产。但是，各类应税行为不同时发生在同一购买者身上，即不发生在同一项销售行为中。

由于兼营行为所涉及的税率与服务范围不同，需要分以下两种情况处理：

第一，纳税人兼营不同税率的货物或者应税劳务，应当分别核算不同税率货物或者应税劳务的销售额；未分别核算销售额的，从高适用税率。

第二，纳税人销售货物、加工和修理修配劳务、服务、无形资产或者不动产适用不同的税率或者征收率的，应当分别核算适用不同税率或者征收率的销售额，未分别核算销售额的，按照以下方法适用税率或者征收率：

1）兼有不同税率的销售货物、加工和修理修配劳务、服务、无形资产或者不动产，从高适用税率。

2）兼有不同征收率的销售货物、加工修理修配劳务、服务、无形资产或者不动产，从高适用征收率。

3）兼有不同税率和征收率的销售货物、加工和修理修配劳务、服务、无形资产或者不动产，从高适用税率。

（3）纳税人兼营免税、减税项目的，应当分别核算免税、减税项目的销售额；未分别核算的，不得免税、减税。

**工作案例 2－12** 某电器销售公司为增值税一般纳税人，主要业务是销售电器并安装。2020 年取得不含税销售收入 2 800 万元，提供安装服务取得的不含税收入为 2 200 万元，购买生产用原材料 2 000 万元，可抵扣的进项税额为 260 万元。税务机关对该公司发生的混合销售行为一并征收增值税。该公司如何进行筹划才能降低增值税税负？

**筹划思路**

该公司的一项销售行为涉及不同税率，属于混合销售行为。根据税法的规定，从事货物的生产、批发或者零售的单位和个体工商户的混合销售行为，按照销售货物缴纳增值税，因此该公司应该将销售商品作为经营主业，按照 13%的税率计算缴纳增值税，但这个税率高于安装服务项目适用的税率 9%，这样就增加了公司的增值税税负。该公司可以选择建立子公司的方式进行筹划，将安装服务分立出去，独立核算，分别缴纳税款。

**筹划过程**

筹划前：在现行方案下，

增值税销项税额＝(2 800＋2 200)×13%＝650（万元）

增值税进项税额＝260（万元）

增值税应纳税额＝650－260＝390（万元）

筹划后：该公司将安装服务分立出去，单独组建乙公司，并独立核算，自行缴纳税款。这样，乙公司提供工程安装服务适用的增值税税率为9%。

原公司应缴纳增值税=2 800×13%−260=104（万元）

乙公司应缴纳增值税=2 200×9%=198（万元）

应纳税额合计=198+104=302（万元）

**筹划结论**

筹划后比筹划前减轻税负88（390−302）万元，因此该公司应该成立独立核算的乙公司，分别核算收入和缴纳税款。

**筹划点评**

对于一项涉及不同税率的应税交易，企业应当明确区分其提供的不同货物和服务销售的税率。若经营主业的税率高于其他经营项目，则可建立子公司进行筹划；若经营主业的税率低于其他经营项目，则按照主业的低税率纳税。

**工作案例2-13** 甲公司属于增值税一般纳税人，2021年9月销售机器设备取得含税销售额900万元，同时销售农机取得含税销售额100万元。甲公司未分别核算，请对其进行纳税筹划。

**筹划思路**

根据《财政部 税务总局 海关总署关于深化增值税改革有关政策的公告》和《增值税暂行条例》的规定，纳税人销售或者进口下列货物，税率为9%：粮食、食用植物油、自来水、暖气、冷气、热水、煤气、石油液化气、天然气、沼气、居民用煤炭制品、图书、报纸、杂志、饲料、化肥、农药、农机、农膜、农业产品，以及国务院规定的其他货物。根据《增值税暂行条例》第三条的规定，纳税人兼营不同税率的货物或者应税劳务的，应当分别核算不同税率货物或者应税劳务的销售额；未分别核算销售额的，从高适用税率。

**筹划过程**

方案一：销售机器与销售农机不分开核算。

增值税销项税额=[(900+100)÷(1+13%)]×13%=115.04（万元）

方案二：销售机器与销售农机分开核算。

增值税销项税额=[900÷(1+13%)]×13%+[100÷(1+9%)]×9%
=111.80（万元）

**筹划结论**

如上所述，115.04万元>111.80万元，因此采用方案二交的增值税更少。

**筹划点评**

企业如果兼营不同税率的货物或者应税劳务，应当分别核算不同税率货物或者应税劳务的销售额，分别计算增值税，从而减轻税负。

# 任务五　增值税税收优惠的筹划

◆税收法律依据

根据《财政部 税务总局关于实施小微企业普惠性税收减免政策的通知》（财税〔2019〕13号）的规定，自2019年1月1日至2021年12月31日，对月销售额10万元以下（含本数）的增值税小规模纳税人免征增值税。根据《国家税务总局关于小规模纳税人免征增值税征管问题的公告》的规定，小规模纳税人可享受以下优惠政策：

（1）小规模纳税人发生增值税应税销售行为，合计月销售额未超过10万元（以1个季度为1个纳税期的，季度销售额未超过30万元，下同）的，免征增值税。

小规模纳税人发生增值税应税销售行为，合计月销售额超过10万元，但扣除本期发生的销售不动产的销售额后未超过10万元的，其销售货物、劳务、服务、无形资产取得的销售额免征增值税。

（2）适用增值税差额征税政策的小规模纳税人，以差额后的销售额确定是否可以享受本公告规定的免征增值税政策。

**工作案例2-14**　某鉴证咨询服务公司为增值税小规模纳税人，该公司2020年度每季度收取含税咨询费共计31万元。请计算该公司2020年度需要缴纳多少增值税并提出纳税筹划方案。

**筹划思路**

为了进一步支持小微企业的发展，根据小微企业普惠性税收减免政策的规定，自2019年1月1日至2021年12月31日，小规模纳税人发生增值税应税销售行为，季度不含税销售额合计未超过30万元的，免征增值税。该公司的每季度含税收入为31万元，略高于优惠范围，公司可尝试将收入延后确认一部分，将每季度的不含税销售收入控制在30万元以内，从而达到前几个季度享受税收优惠的目的。

**筹划过程**

方案一：仍保持每季度含税收入31万元。

每季度不含税销售额＝31÷(1＋3%)＝30.1（万元）

应缴纳的增值税＝30.1×3%×4＝3.612（万元）

方案二：该公司与客户协商，适当调整季度咨询费的金额，将前三季度的咨询费控制在每季度30.9万元，最后一个季度的咨询费为：31×4－30.9×3＝31.3（元）。

前三个季度不含税销售额＝30.9÷(1＋3%)＝30（万元），免征增值税。

最后一个季度需要缴纳的增值税＝31.3÷(1＋3%)×3%＝0.91（万元）。

应缴纳的增值税合计是0.91万元。

**筹划结论**

方案二与方案一相比，少缴纳增值税2.702（3.612－0.91）万元，因此采用方案二交的增值税较少。

#### 筹划点评

该公司通过适当调整收入确认时间的筹划方法，将前三个季度每月的不含税收入控制在30万元以内，从而享受税收优惠政策，减轻税负。但是采用这种筹划方法也要考虑其他因素，比如，如果是长期固定客户，则可以通过协商调整；如果是新客户或者其他客户，就会存在不可预测的风险，可能得不偿失。因此，在实际工作中要考虑诸多因素，从而做出正确的选择。

**工作案例 2-15** 某自来水公司为增值税一般纳税人，公司目前计划购置一台大型净水设备，不含税价格为800万元，能取得增值税专用发票。该公司每年不含税销售额为3 000万元，每年预计可抵扣的进项税额为150万元。请问该公司计算缴纳增值税时，一般计税方法和简易计税方法选择哪个更合适？

#### 筹划思路

一般纳税人销售其自产的自来水可以选择简易计税方法依照3%的征收率计算缴纳增值税。一般纳税人一旦选择按照简易计税方法计算缴纳增值税，36个月内不得变更。由于自来水公司在增值税纳税方式上具有一定的选择权及转变权，因此，自来水公司应当测算采用不同计税方式的税负大小，以便选择最优的计税方式。

#### 筹划过程

方案一：选择按简易计税方法依照3%的征收率计算缴纳增值税。

第一年应纳增值税＝3 000×3%＝90（万元）

第二年应纳增值税＝3 000×3%＝90（万元）

第三年应纳增值税＝3 000×3%＝90（万元）

第四年应纳增值税＝3 000×3%＝90（万元）

应纳增值税合计＝360（万元）

方案二：选择按一般计税方法计算缴纳增值税。

第一年应纳增值税＝3 000×9%－800×13%－150＝16（万元）

第二年应纳增值税＝3 000×9%－150＝120（万元）

第三年应纳增值税＝3 000×9%－150＝120（万元）

第四年应纳增值税＝3 000×9%－150＝120（万元）

应纳增值税合计＝376（万元）

方案三：第一年选择按一般计税方法计算缴纳增值税，后三年转变为简易计税方法。

第一年应纳增值税＝3 000×9%－800×13%－150＝16（万元）

第二年应纳增值税＝3 000×3%＝90（万元）

第三年应纳增值税＝3 000×3%＝90（万元）

第四年应纳增值税＝3 000×3%＝90（万元）

应纳增值税合计＝286（万元）

**筹划结论**

方案三与方案一相比，少缴纳增值税 74（360－286）万元，方案三与方案二相比，少缴纳增值税 90（376－286）万元，因此应当选择方案三。

**筹划点评**

根据本案例的实际情况，选择哪种计税方法不能只考虑一年的应纳税额，应至少考虑两年或两年以上的综合税负；另外，由于一般纳税人选择简易计税方法后 36 个月内不得变更，因此，企业应当从长远且综合的角度进行测算，选择最有利于整体利益的纳税方式。

## 任务六　增值税纳税期限的筹划

◆税收法律依据

销售货物或者应税劳务的纳税义务发生时间，按销售结算方式的不同，具体为：

（1）采取直接收款方式销售货物，不论货物是否发出，均为收到销售额或取得索取销售额凭证，并将提货单交给买方的当天。

（2）采取托收承付和委托银行收款方式销售货物，为发出货物并办妥托收手续的当天。

（3）采取赊销和分期收款方式销售货物，为合同约定的收款日期的当天。

（4）采取预收货款方式销售货物，为货物发出的当天。

（5）委托其他纳税人代销货物，为收到代销单位销售的代销清单的当天。

（6）销售应税劳务，为提供劳务同时收讫销售额或取得索取销售额凭证的当天。

增值税的纳税期限分别为 1 日、3 日、5 日、10 日、15 日或者 1 个月。纳税人的具体纳税期限，由主管税务机关根据纳税人应纳税款的大小分别核定；纳税人以 1 个月为一期纳税的，自期满之日起 15 日内申报纳税；以 1 日、3 日、5 日、10 日或 15 日为一期纳税的，自期满之日起 5 日内预缴税款，于次月 1 日起 15 日内申报纳税并结清上月应纳税款。

纳税期限最长只有 1 个月，并且必须在次月 15 日内缴清税款。因此，纳税期限的筹划余地很小。只有在推迟纳税义务发生时间上进行筹划，才能达到延期纳税的目的。根据增值税纳税义务发生时间和进项税额申报抵扣时间的相关规定，实现纳税期限后移的方式有以下几种：

（1）推迟销项税额发生时间的方式有：

1）避免采用托收承付和委托收款等方式销售货物；

2）以实际收到的支付额开具增值税专用发票；

3）若预期不能及时收到货款，合同应采取赊销和分期付款结算方式。

（2）提前进项税额抵扣时间的方式有：

1）购买方应选择可以尽早取得发票的交易方式和结算方式，并按税法规定的时间限制认证抵扣；

2）对所有购进应税商品或劳务的进项税额先进行认证抵扣，必要时再做进项税额转出处理；

3）接受投资、捐赠或分配的货物，可以通过协商方式，提前拿到发票和证明材料。

**工作案例 2-16** 甲企业属于增值税一般纳税人，2020 年 10 月发生销售业务五笔，应收货款共计 1 800 万元（含税价）。其中，有三笔销售业务合计金额 1 000 万元，货款两清；一笔销售业务金额 300 万元，两年后一次付清；另一笔销售业务金额 500 万元，一年后付 250 万元，一年半后付 150 万元，余款 100 万元两年后结清。试问该企业应采取直接收款方式还是赊销和分期收款方式？

**筹划思路**

如果该企业对 2020 年 10 月未收到的 300 万元和 500 万元，分别在货款结算中采取赊销和分期收款结算方式，就可以延缓纳税，因为这两种结算方式都是以合同约定日期为纳税义务发生时间的。

**筹划过程**

方案一：甲企业若采取直接收款方式，则应在当月全部计算销项税额。

销项税额＝1 800÷(1＋13%)×13%＝207.08（万元）

方案二：甲企业对未收到的 300 万元和 500 万元应收账款分别在货款结算中采取赊销和分期收款结算方式。

第一笔两年后结清货款的销项税额＝(300＋100)÷(1＋13%)×13%
＝46.02（万元）

第二笔一年后付清货款的销项税额＝250÷(1＋13%)×13%＝28.76（万元）

第三笔一年半后付清货款的销项税额＝150÷(1＋13%)×13%＝17.26（万元）

**筹划结论**

2020 年 10 月，方案二与方案一相比，少缴纳增值税 92.04（46.02＋28.76＋17.26）万元，因此应当选择方案二。

**筹划点评**

由此可以看出，采用赊销和分期收款方式，可以为企业获得资金的时间价值，并为企业节约大量的流动资金。

## 【能力训练】

### 一、单项选择题

1. 增值税一般纳税人销售下列应税产品，适用 9%税率的是（　　）。

A. 不动产　　B. 专利技术　　C. 安装服务　　D. 运输服务

2. 某工业企业出售了一栋办公楼，该行为适用的税目是（　　）。

A. 销售货物　　B. 销售不动产　　C. 销售无形资产　　D. 提供建筑服务

3. 自 2019 年 4 月 1 日起，企业销售下列产品适用 9%税率的是（　　）。

A. 方便面　　B. 图书　　C. 家具　　D. 手机

4. 自2018年5月1日起，统一增值税小规模纳税人标准，即增值税小规模纳税人标准为年应征增值税销售额（　　）万元及以下。

A. 50　　B. 80　　C. 100　　D. 500

5. 一般纳税人发生的下列项目中，应将其已申报抵扣的进项税额从发生期进项税额中扣减，并在会计上做进项税额转出处理的是（　　）。

A. 将购进货物对外投资　　B. 将购进货物用于个人消费

C. 将购进货物无偿赠送他人　　D. 将购进货物分配给投资者

## 二、多项选择题

1. 销售方在销售价格之外向购货方收取的下列费用，应并入销售额计算纳税的是（　　）。

A. 收取的违约金　　B. 收取的优质费

C. 代收的手续费　　D. 收取的销项税额

2. 下列发票或缴款书上标注的进项税额可以抵扣的是（　　）。

A. 购进原材料取得的增值税专用发票

B. 购进汽车取得的增值税专用发票

C. 从国外购进货物取得的海关开具的进口增值税专用缴款书

D. 购进农产品取得的种植者开具的普通发票

3. 下列各项中，属于增值税普通发票的有（　　）。

A. 门票　　B. 二手车销售统一发票

C. 过路费发票　　D. 定额发票

4. 年应税销售额超过规定标准的纳税人应向主管税务机关办理增值税一般纳税人资格登记，年应税销售额包括（　　）。

A. 稽查查补销售额　　B. 预收的销货款

C. 税务机关代开发票销售额　　D. 纳税申报销售额

E. 纳税评估调整销售额

5. 下列业务中，属于视同销售应缴纳增值税的是（　　）。

A. 自产货物用于职工福利　　B. 外购货物用于职工福利

C. 外购货物用于捐赠　　D. 外购货物用于分配股利

## 三、判断题

1. 增值税属于价内税，销售价格中包含增值税销项税额。（　　）

2. 销售农产品全部享受免税政策。（　　）

3. 纳税人销售活动板房、机器设备、钢结构件等自产货物的同时提供建筑、安装服务，应分别核算货物和建筑服务的销售额，分别适用不同的税率或者征收率。（　　）

4. 小规模纳税人发生增值税应税销售行为，合计月销售额未超过10万元（以1个季度为1个纳税期的，季度销售额未超过30万元）的，免征增值税。（　　）

5. 销售货物采用预收账款方式收取款项，纳税义务发生时间为收到货款当天。（　　）

## 四、案例分析题

1. 某建筑企业为增值税小规模纳税人，2020年7月承揽了当年唯一的一个工程，总价款为200万元，合同工期为7—10月，假设将其中部分工程进行分包，分包工程款为

150 万元。该建筑企业能否享受销售额免税政策？如果可以享受，有没有合理的筹划方案？需要注意哪些事项？

2. 某餐饮企业为增值税一般纳税人，业务范围包括住宿、餐饮和会议服务。2020 年 1—5 月，餐饮收入为 212 万元（含税），住宿收入为 106 万元（含税），会议服务收入为 53 万元（含税）。当期购进食材中，从定点农村合作社购进蔬菜、肉类、禽蛋等共计 80 万元，购入烟酒取得专用发票，注明税额为 10 万元，其他可抵扣进项税额为 1 万元。该企业是否可以就以上业务全部享受免税优惠政策？如果可以享受，该企业是享受免税政策还是放弃免税政策更合适？

3. 某纺织品公司为增值税一般纳税人，以棉花为原材料生产纯棉纺织品，纺织品适用的增值税税率为 13%，生产所用原材料来自本公司的棉花种植园。该公司预计 2021 年 1—12 月纺织品实现销售收入 5 000 万元，可抵扣的进项税额为 100 万元。种植园的棉花成本为 1 500 万元，另外，种植园可抵扣的进项税额仅有 15 万元。请对该公司上述业务进行纳税筹划。

# 项目三　消费税纳税筹划

【知识目标】

1. 了解消费税税法要素的基本知识；

2. 熟悉消费税纳税筹划的基本思路。

【能力目标】

掌握消费税的主要筹划手段和方式。

【素质目标】

培养依法纳税、诚信纳税意识。

【重点难点】

能够灵活运用各种纳税筹划方法对消费税进行筹划，从而达到节税的目的。

【引例】

某化妆品厂下设非独立核算门市部销售自制高档化妆品，2020 年 9 月移送给门市部化妆品 4 500 套，出厂价为每套 452 元（含增值税），门市部按每套 565 元（含增值税）将 4 500套化妆品全部销售出去。

**【要求】**请对上述业务进行纳税筹划。

**【引例解析】**根据《国家税务总局关于印发〈消费税若干具体问题的规定〉的通知》（国税发〔1993〕156 号）的规定，纳税人通过自设非独立核算门市部销售自产应税消费品，应当按门市部对外销售额或者销售量缴纳消费税。该化妆品厂 9 月应纳消费税为 33.75 ［565÷(1＋13％)×4 500×15％÷10 000］万元。如果该化妆品厂直接按照出厂价出售，当月申报缴纳的消费税为 27 ［452÷(1＋13％)×4 500×15％÷10 000］万元。

由上例可以看出，消费税只在出厂的第一个环节计算缴纳，为了达到少缴消费税的目的，且不影响销售价格，可以将下设的非独立核算的门市部改为独立核算的门市部。这样，缴纳消费税的环节就是化妆品厂将 4 500 套化妆品销售给独立核算的门市部，故可按出厂价每套 452 元计算缴纳消费税，就可以比案例中的情况少缴纳消费税 6.75（33.75－27）万元。

**【筹划点评】**筹划的方法就是将下设非独立核算的门市部独立出去，从而降低了计税价格，减少了应缴纳的消费税。

# 任务一　消费税税法要素及筹划思路

## 一、消费税的纳税人

消费税的纳税人，是指在中华人民共和国境内生产、委托加工和进口《消费税暂行条例》规定的应税消费品的单位和个人。其中，“单位”是指企业、行政单位、事业单位、军事单位、社会团体及其他单位；“个人”是指个体工商户及其他个人。

## 二、消费税税目及税率

### （一）烟

烟是指以烟叶为原料加工生产的产品，征收范围包括卷烟（进口卷烟、白包卷烟、手工卷烟和未经国务院批准纳入计划的企业及个人生产的卷烟）、雪茄烟和烟丝。

烟类税目具体包括三类子税目，具体税率（税额）如表 3－1 所示。

**表 3－1　烟类消费品消费税税率表**

| 烟类消费税子税目 | 税率 |
| --- | --- |
| 1. 卷烟 | |
| （1）甲类卷烟 | 56%加 0.003 元/支（生产环节） |
| （2）乙类卷烟 | 36%加 0.003 元/支（生产环节） |
| （3）甲类卷烟和乙类卷烟 | 11%加 0.005 元/支（批发环节） |
| 2. 雪茄烟 | 36%（生产环节） |
| 3. 烟丝 | 30%（生产环节） |

### （二）酒

酒是指酒精度在 1 度以上的各种酒类饮料，包括粮食白酒、薯类白酒、黄酒、啤酒、果啤和其他酒。酒类税目具体包括四类子税目，具体税率（税额）如表 3－2 所示。

**表 3－2　酒类消费品消费税税率表**

| 酒类消费税子税目 | 税率 |
| --- | --- |
| 1. 白酒（含粮食白酒和薯类白酒） | 20%加 0.5 元/500 克（或 500 毫升） |
| 2. 黄酒 | 240 元/吨 |
| 3. 啤酒 | |
| （1）甲类啤酒 | 250 元/吨 |
| （2）乙类啤酒 | 220 元/吨 |
| 4. 其他酒 | 10% |

### （三）高档化妆品

高档化妆品包括高档美容、修饰类化妆品，高档护肤类化妆品和成套化妆品。高档美容、修饰类化妆品和高档护肤类化妆品是指生产（进口）环节销售（完税）价格（不含增值税）在10元/毫升（克）或15元/片（张）及以上的美容、修饰类化妆品和护肤类化妆品。

舞台、戏剧、影视演员化妆用的上妆油、卸妆油、油彩等不属于本税目的征收范围。

该类消费品实行从价定率，税率为15%。

### （四）贵重首饰及珠宝玉石

贵重首饰及珠宝玉石包括：以金、银、白金、宝石、珍珠、钻石、翡翠、玛瑙等高贵稀有物质以及其他金属、人造宝石等制作的各种纯金银首饰及镶嵌首饰，经采掘、打磨、加工的各种珠宝玉石。对出国人员免税商店销售的金银首饰征收消费税。

该类消费品实行从价定率，其中：金银首饰、铂金首饰和钻石及钻石饰品，税率为5%（零售环节）；其他贵重首饰和珠宝玉石，税率为10%。

### （五）鞭炮、焰火

该税目包括各种鞭炮、焰火。体育上用的发令纸、鞭炮药引线，不按本税目征收消费税。

该类消费品实行从价定率，税率为15%。

### （六）成品油

本税目包括汽油、柴油、航空煤油、石脑油、溶剂油、润滑油、燃料油7个子税目，具体如表3-3所示。

**表3-3　成品油消费品消费税税率表**

| 成品油类消费税子税目 | 税率 |
| --- | --- |
| 1. 汽油 | 1.52元/升 |
| 2. 柴油 | 1.20元/升 |
| 3. 航空煤油 | 1.20元/升 |
| 4. 石脑油 | 1.52元/升 |
| 5. 溶剂油 | 1.52元/升 |
| 6. 润滑油 | 1.52元/升 |
| 7. 燃料油 | 1.20元/升 |

### （七）小汽车

小汽车是指由动力驱动，具有四个或四个以上车轮的非轨道承载的车辆。

电动汽车、沙滩车、雪地车、卡丁车、高尔夫车不属于本税目征收范围，不征收消费税。小汽车税目具体包括的子税目及税率如表3-4所示。

**表3-4　小汽车消费品消费税税率表**

| 小汽车类消费税子税目 | 税率 |
| --- | --- |
| 1. 乘用车 | |
| （1）气缸容量（排气量，下同）在1.0升（含）以下的 | 1% |
| （2）气缸容量在1.0升以上至1.5升（含）的 | 3% |
| （3）气缸容量在1.5升以上至2.0升（含）的 | 5% |
| （4）气缸容量在2.0升以上至2.5升（含）的 | 9% |

续表

| 小汽车类消费税子税目 | 税率 |
| --- | --- |
| (5) 气缸容量在2.5升以上至3.0升(含)的 | 12% |
| (6) 气缸容量在3.0升以上至4.0升(含)的 | 25% |
| (7) 气缸容量在4.0升以上的 | 40% |
| 2. 中轻型商用客车 | 5% |
| 3. 超豪华小汽车 | 10%(零售环节),生产环节同乘用车和中轻型商务用车 |

(八) 摩托车

该税目包括轻便摩托车和摩托车两种。对最大设计车速不超过50千米/小时,发动机气缸总工作量(排气量)不超过50毫升的三轮摩托不征收消费税。

该类消费品实行从价定率,气缸容量为250毫升(含)的摩托车,税率为3%;气缸容量大于250毫升的摩托车,税率为10%;对气缸容量小于250毫升的小排量摩托车不再征收消费税。

(九) 高尔夫球及球具

高尔夫球及球具是指从事高尔夫运动所需的各种专用装备,包括高尔夫球、高尔夫球杆及高尔夫球包(袋)等。

该类消费品实行从价定率,税率为10%。

(十) 高档手表

高档手表是指销售价格(不含增值税)每只在10 000元(含10 000元)以上的各类手表。

该类消费品实行从价定率,税率为20%。

(十一) 游艇

游艇是指长度大于8米小于90米,船体由玻璃钢、钢、铝合金、塑料等多种材料制作,可以在水上移动的水上浮载体。按照动力划分,游艇分为无动力艇、帆艇和机动艇。

该类消费品实行从价定率,税率为10%。

(十二) 木制一次性筷子

木制一次性筷子又称卫生筷子,是指以木材为原料经过锯段、浸泡、旋切、刨切、烘干、筛选、打磨、倒角、包装等环节加工而成的各类一次性使用的筷子。

该类消费品实行从价定率,税率为5%。

(十三) 实木地板

实木地板是指以木材为原料,经锯割、干燥、刨光、截断、开榫、涂漆等工序加工而成的块状或条状的地面装饰材料。

该类消费品实行从价定率,税率为5%。

(十四) 电池

电池是一种将化学能、光能等直接转换为电能的装置。范围包括原电池、蓄电池、燃料电池、太阳能电池和其他电池。

该类消费品实行从价定率，税率为4%。

（十五）涂料

涂料是涂于物体表面能形成具有保护、装饰或特殊性能的固态涂膜的一类液体或固体材料的总称。涂料由主要成膜物质、次要成膜物质等构成。按主要成膜物质划分，涂料可分为油脂类、天然树脂类、酚醛树脂类、沥青类、醇酸树脂类、氨基树脂类、硝基类、过滤乙烯树脂类、烯类树脂类、丙烯酸酯类树脂类、聚酯树脂类、环氧树脂类、聚氨酯树脂类、元素有机类、橡胶类、纤维素类、其他成膜物类等。对施工状态下挥发性有机物含量低于420克/升（含）的涂料，免征消费税。

该类消费品实行从价定率，税率为4%。

**纳税筹划思路**

1. 分设独立核算机构，降低产品生产环节的销售价格。
2. 利用企业合并的方式，降低企业集团消费税税负。
3. 选择经营范围时，可以不选应税消费品生产并销售，避免产生消费税纳税义务。
4. 分别核算不同税率的应税消费品，避免成套销售应税消费品。

## 三、消费税的计税依据

实行从价计征办法的应税消费品，计税依据为应税消费品的销售额；实行从量计征办法计税时，以销售数量为计税依据；实行复合计征办法计税时，计税依据既要确定销售额，也要确定销售数量。

## 四、消费税的计税办法

（一）从价计征

实行从价计征办法时，消费税应纳税额的计算公式为：

应纳税额＝应税消费品销售额×比例税率

（二）从量计征

实行从量计征办法时，消费税应纳税额的计算公式为：

应纳税额＝应税消费品销售数量×定额税率

（三）复合计征

实行复合计征办法时，消费税应纳税额的计算公式为：

应纳税额＝应税消费品销售额×比例税率＋应税消费品销售数量×定额税率

（四）自产自用应税消费品

自产自用应税消费品用于连续生产应税消费品的，不纳税；用于其他方面，有同类消费品销售价格的，按照纳税人生产的同类消费品销售价格计算纳税，没有同类消费品销售价格的，按照组成计税价格计算纳税。计算公式为：

组成计税价格＝(成本＋利润)÷(1－消费税税率)

应纳税额＝组成计税价格×适用税率

（五）委托加工应税消费品

委托加工应税消费品，由受托方交货时代扣代缴消费税，按照受托方的同类消费品销售价格计算纳税；没有同类消费品销售价格的，按照组成计税价格计算纳税。计算公式为：

组成计税价格＝(材料成本＋加工费)÷(1－消费税税率)

应纳税额＝组成计税价格×适用税率

### （六）进口应税消费品

进口应税消费品，按照组成计税价格计算纳税。计算公式为：

组成计税价格＝(关税完税价格＋关税)÷(1－消费税税率)

应纳税额＝组成计税价格×消费税税率

## 五、消费税的纳税环节

### （一）生产环节纳税

生产环节纳税可以分为三个方面：

（1）纳税人生产的应税消费品，对外销售的，在销售时纳税。

（2）纳税人自产自用的应税消费品，不用于连续生产应税消费品而用于其他方面的，在移送使用时纳税。

（3）委托加工的应税消费品，由受托方在向委托方交货时代收代缴消费税。委托加工应税消费品收回后直接出售的，不再征收消费税。

### （二）进口环节纳税

进口应税消费品，在报关进口时纳税。

### （三）零售环节纳税

应征收消费税的金银首饰、钻石饰品，其零售环节有以下几种情况：

（1）纳税人从事金银首饰、钻石饰品（含以旧换新）零售业务的，在零售时纳税。

（2）纳税人将金银首饰用于馈赠、赞助、集资、广告、样品、职工福利、奖励等方面的，在移送时纳税。

（3）带料加工、翻新改制金银首饰的，在受托方交货时纳税。

不属于上述范围的应征收消费税的金银首饰，仍在生产环节征收消费税。

在零售环节征收消费税的金银首饰的范围不包括镀金（银）、包金（银）首饰，以及镀金（银）、包金（银）的镶嵌首饰，凡采用包金、镀金工艺以外的其他工艺制成的含金、银首饰及镶嵌首饰，如锻压金、铸金、复合金首饰等，都应在零售环节征收消费税。

### （四）批发环节纳税

自2009年5月1日起，在卷烟批发环节加征一道从价计征的消费税。纳税人销售给纳税人以外的单位和个人的卷烟于销售时纳税。

**纳税筹划思路**

1. 正确选择自行加工与委托加工方式，减少或延期缴纳消费税。

2. 卷烟和啤酒实行全额累进税率，当处于税率分界点时，注意销售价格的确定，以免落入售价虽高，但利润降低的“税收陷阱”。

3. 巧用包装物押金，延期纳税。

4. 慎将应税消费品换取生产资料、消费资料、投资入股和抵偿债务等方面。

## 六、消费税的纳税义务发生时间

(1) 纳税人销售应税消费品的纳税义务发生时间，按不同的销售结算方式分别为：

1）采取赊销和分期收款结算方式的，为书面合同约定的收款日期的当天，书面合同没有约定收款日期或者无书面合同的，为发出应税消费品的当天。

2）采取预收货款结算方式的，为发出应税消费品的当天。

3）采取托收承付和委托银行收款方式的，为发出应税消费品并办妥托收手续的当天。

4）采取其他结算方式的，为收讫销售款或者取得索取销售款凭据的当天。

(2) 纳税人自产自用应税消费品的纳税义务发生时间，为移送使用的当天。

(3) 纳税人委托加工应税消费品的纳税义务发生时间，为纳税人提货的当天。

(4) 纳税人进口应税消费品的纳税义务发生时间，为报关进口的当天。

## 七、消费税的纳税期限、纳税地点

### （一）纳税期限

消费税的纳税期限分为1日、3日、5日、10日、15日、1个月或者1个季度。纳税人的具体纳税期限，由主管税务机关根据纳税人应纳税额的大小分别核定；不能按照固定期限纳税的，可以按次纳税。

纳税人以1个月或者1个季度为1个纳税期的，自期满之日起15日内申报纳税；以1日、3日、5日、10日或者15日为1个纳税期的，自期满之日起5日内预缴税款，于次月1日起15日内申报纳税并结清上月应纳税款。

纳税人进口应税消费品，应当自海关填发海关进口消费税专用缴款书之日起15日内缴纳税款。

### （二）纳税地点

(1) 纳税人销售的应税消费品，以及自产自用的应税消费品，除国务院另有规定外，应当向纳税人机构所在地或者居住地的主管税务机关申报纳税。

(2) 委托加工的应税消费品，除委托个人加工以外，由受托方向所在地主管税务机关代收代缴消费税。委托个人加工的应税消费品，由委托方向其机构所在地或者居住地主管税务机关申报纳税。

(3) 进口的应税消费品，由进口人或者其代理人向报关地海关申报纳税。

(4) 纳税人到外县（市）销售或者委托外县（市）代销自产应税消费品的，于应税消费品销售后，向机构所在地或者居住地主管税务机关申报纳税。

(5) 纳税人的总机构与分支机构不在同一县（市）的，应当分别向各自机构所在地的主管税务机关申报纳税；经财政部、国家税务总局或者其授权的财政、税务机关批准，可以由总机构汇总向总机构所在地的主管税务机关申报纳税。

### 纳税筹划思路

1. 通过合同合理约定收付款时间来达到避税目的。
2. 创设条件利用好税收优惠政策。

# 任务二　消费税纳税人身份筹划

## 一、企业设立阶段的筹划

◆税收法律依据

消费税属于价内税，征收环节具有单一性，即消费税的征税行为一般发生在生产、委托加工和进口等环节，在流通环节大多无须再缴纳消费税（卷烟、金银首饰、超豪华小汽车等除外）。消费税的课征只选择单一环节，而消费品的流通还存在着批发、零售等若干流转环节，因此筹划的关键就是降低出厂环节的计税价格，这为企业选择一定的方式节税提供了可能。企业可以采用分设独立核算的经销部、销售公司的办法，降低生产环节的销售价格，经销部、销售公司再以正常价格对外销售。由于消费税在出厂销售的第一环节就已征收，因此企业的税收负担可以减轻许多。

**工作案例 3-1**　飘香酒厂为增值税一般纳税人，该酒厂将生产的葡萄酒销售给批发商的价格为每箱 1 600 元（不含增值税），销售给零售商或消费者的价格为每箱 2 000 元（不含增值税）。2020 年，该酒厂全年预计销售给零售商和消费者的葡萄酒的数量约为 20 000 箱。葡萄酒适用的消费税税率为 10%。请问飘香酒厂是否可以进行纳税筹划以减轻消费税税负？

**筹划思路**

飘香酒厂可以设立独立核算的经销部，先以较低的价格（如批发的价格）将葡萄酒销售给经销部，再由经销部将葡萄酒以较高的价格销售给零售商或者消费者，这样该批葡萄酒的消费税以较低的计税价格计征，从而减轻了酒厂的消费税税负。

**筹划过程**

筹划前酒厂直接销售应纳消费税＝2 000×20 000×10%＝4 000 000（元）

筹划后由经销部销售应纳消费税＝1 600×20 000×10%＝3 200 000（元）

**筹划结论**

筹划后，该酒厂仅消费税一项即可节税 800 000（4 000 000－3 200 000）元。

**筹划点评**

增设经销部需要缴纳增值税，不用缴纳消费税，这样整个企业集团的增值税税负不变，消费税税负降低，但还应考虑增设部门的其他开支，权衡利弊以做出合理、正确的选择。

## 二、通过企业合并的筹划

◆税收法律依据

由于消费税的征收是单一环节，工业企业销售自产应税消费品时，需要缴纳消费税。纳税人自产自用的应税消费品，用于连续生产应税消费品的，不征税；用于其他方面的，于移送使用时纳税。因此，如果两家企业存在应税消费品的连续生产业务，即存在上下游关系，则两家企业可以采用合并的方式进行纳税筹划，从而达到延期纳税或节税的目的，降低企业税负。

这样筹划对于酒类企业来说更有意义，根据有关规定，停止执行外购或委托加工已税酒和酒精生产的酒（包括用外购已税白酒加浆降度，用外购已税的不同品种的白酒勾兑的白酒，用曲香、香精对外购已税白酒进行调香、调味以及外购散装白酒装瓶出售等）外购酒及酒精已纳税款或受托方代收代缴税款准予抵扣政策。也就是说，对于购入或委托加工已税酒类继续生产酒类的企业，消费税并不能抵扣。这时上下游企业的合并就可以直接省去上游环节的消费税税负。

**工作案例 3－2** 康健酒业生产并销售药酒，其所用的原料白酒购买自醇香酒业。每月购买白酒 10 吨，每吨价格为 100 000 元，全部用于生产加工药酒；药酒每月销售 12 吨，每吨价格为 150 000 元。已知白酒适用的比例税率为 20%，定额税率为 0.5 元/500 克，药酒适用的消费税税率为 10%。试分析如何筹划可以减轻康健酒业的消费税税负。

**筹划思路**

康健酒业从醇香酒业购买白酒，将其作为原料生产药酒，白酒所缴纳的消费税不允许扣除，增加了康健酒业的税负。如果能将两家企业合并，使醇香酒业成为康健酒业的一个生产车间，则领用其生产的白酒就属于自产自用继续加工为应税消费品，无须缴纳消费税，只在最终销售药酒时纳税即可。

**筹划过程**

筹划前，将购买醇香酒业生产的白酒作为原料生产药酒。

醇香酒业应纳消费税＝100 000×10×20%＋10×2 000×0.5＝210 000（元）

康健酒业应纳消费税＝150 000×12×10%＝180 000（元）

双方合计纳税＝210 000＋180 000＝390 000（元）

筹划后，康健酒业与醇香酒业合并成为康醇酒业集团，领用其生产的白酒属于自产自用继续加工为应税消费品，无须缴纳消费税，只在最终销售药酒时纳税。

康醇酒业集团应纳消费税＝150 000×12×10%＝180 000（元）

**筹划结论**

筹划后，康醇酒业集团仅消费税一项即可节税 210 000（390 000－180 000）元。

**筹划点评**

企业的合并（收购）行为不能只考虑消费税的税负大小，还应考虑合并（收购）成本和风险，以及企业中长期发展规划等，在筹划时要顾全大局、合理规划。

## 三、避免消费税的纳税筹划

◆税收法律依据

消费税共有 15 个税目：烟、酒、高档化妆品、贵重首饰及珠宝玉石、鞭炮及焰火、成品油、小汽车、摩托车、高尔夫球及球具、高档手表、游艇、木制一次性筷子、实木地板、电池、涂料。企业在选择经营范围时，在不影响企业利润和发展规划的前提下，可以不选应税消费品生产并销售，从而不缴纳消费税。

**工作案例 3-3** 2021 年，甲公司准备扩大生产经营范围，有以下两种方案可供选择。方案一：生产高档手表，预计本年能取得销售收入 600 万元，耗用成本 400 万元，可抵扣的进项税额为 70 万元。方案二：生产高档摄像机，预计本年能取得销售收入 500 万元，耗用成本 310 万元，可抵扣的进项税额为 50 万元。城市维护建设税税率为 7%，教育费附加征收率为 3%。请对上述业务进行纳税筹划。

**筹划思路**

甲公司增加的生产项目中，一个是生产高档手表，属于应税消费品，需要缴纳消费税；另一个是生产高档摄像机，属于普通商品，不用缴纳消费税。因此，可从消费税税负和税后利润等方面进行方案选择。

**筹划过程**

方案一：生产高档手表。

应纳增值税＝600×13%－70＝8（万元）

应纳消费税＝600×20%＝120（万元）

应纳城市维护建设税和教育费附加＝(8＋120)×(7%＋3%)＝12.8（万元）

税后利润＝(600－400－120－12.8)×(1－25%)＝50.4（万元）

方案二：生产高档摄像机。

应纳增值税＝500×13%－50＝15（万元）

应纳城市维护建设税和教育费附加＝15×(7%＋3%)＝1.5（万元）

税后利润＝(500－310－1.5)×(1－25%)＝141.375（万元）

**筹划结论**

方案二与方案一相比，少缴纳消费税 120 万元，少缴纳城市维护建设税和教育费附加 11.3（12.8－1.5）万元，多获取税后利润 90.975（141.375－50.4）万元，因此应当选择方案二，即生产高档摄像机。

**筹划点评**

很多属于奢侈品的应税消费品的税率比较高，相应缴纳的消费税税额也比较多，如果企业在选择经营方向时避开此类奢侈品的生产销售，而选择成本利润类似的非应税消费品，就可避免消费税的缴纳，从而使利润大大提升。另外，随着社会经济的发展，人们生活水平的提高，消费税的征税范围也在不断变化，有些从税目中取消，有些新型的产品被列入其中，因此，企业在选择经营方向时也要考虑消费税征税范围的发展趋势，合理安排。

**工作案例 3-4** 飞跃公司是一家中高档手表生产企业，为增值税一般纳税人。2021 年生产并销售一款中高档手表，公司将该手表的出厂价格定为 10 100 元（不含增值税），手表的成本费用为每只 5 500 元，可抵扣进项税额为 900 元。城市维护建设税税率为 7%，教育费附加征收率为 3%。请为该公司设计纳税筹划方案。

**筹划思路**

对于销售涉及起征点的应税消费品，若销售价格（收入）刚刚达到或超过起征点，可能会出现虽然价格提高但是利润降低的情况，可以通过降低售价的方式，使其在起征点以下，以规避缴纳消费税。

**筹划过程**

方案一：每只手表的出厂不含税售价定为10 100元。

每只手表应纳增值税=10 100×13%－900=413（元）

每只手表应纳消费税=10 100×20%=2 020（元）

每只手表应纳城市维护建设税和教育费附加=(413+2 020)×(7%+3%)=243.3（元）

每只手表的税后利润=(10 100－5 500－2 020－243.3)×(1－25%)=1 752.53（元）

方案二：将每只手表的出厂不含税售价定为9 999元。

每只手表应纳增值税=9 999×13%－900=399.87（元）

每只手表应纳消费税=0

每只手表应纳城市维护建设税和教育费附加=399.87×(7%+3%)=39.99（元）

每只手表的税后利润=(9 999－5 500－0－39.99)×(1－25%)=3 344.26（元）

**筹划结论**

方案二与方案一相比，每只手表少缴纳消费税2 020（2 020－0）元，少缴纳城市维护建设税和教育费附加203.31（243.3－39.99）元，多获取税后利润1 591.73（3 344.26－1 752.53）元，因此应当选择方案二。

**筹划点评**

在确定涉及起征点的应税消费品的售价时，如果正好在起征点左右，一定要注意定价禁区，应低于或高于定价禁区，否则会导致消费税税负较重，税后利润降低。

# 任务三　消费税计税依据的筹划

## 情境一　生产阶段的筹划

◆税收法律依据

企业生产应税消费品，可以自行加工，也可以委托加工。

根据《消费税暂行条例》的规定，纳税人自行加工的应税消费品，用于连续生产应税消费品的，不纳税。比如卷烟企业将烟叶加工成烟丝，并以其为原材料，继续加工生产出卷烟，则在领用烟丝时不缴纳消费税，只就生产销售的卷烟缴纳消费税。

我国对于委托加工应税消费品有特殊的规定。委托加工的应税消费品是指由委托方提供原材料和主要材料，受托方只收取加工费和代垫部分辅助材料加工的应税消费品。对于委托加工的应税消费品的应纳消费税，由受托方（受托方为个人的除外）向委托方交货时代收代缴消费税。委托方将收回的应税消费品以不高于受托方的计税价格出售的，为直接出售，不再缴纳消费税；委托方以高于受托方的计税价格出售的，不属于直接出售，需要按照规定申报缴纳消费税，在计税时准予扣除受托方已代收代缴的消费税。委托方收回应税消费品后，若用于连续生产应税消费品，已缴纳的消费税准予按规定抵扣。

**工作案例 3-5** 钻石卷烟厂生产销售一款甲类卷烟。2020 年年初，该厂购入一批价值 300 万元的烟叶，加工成该款甲类卷烟销售，现在有以下三种生产方案：

方案一：先由烟丝车间将烟叶自行加工成烟丝，加工费合计 200 万元，再由卷烟车间加工成甲类卷烟，加工费用合计 150 万元。

方案二：委托其他卷烟厂将烟叶加工成烟丝，协议规定加工费为 200 万元，假设受托方无同类应税消费品。将收回的烟丝继续加工成甲类卷烟，加工成本费用共计 150 万元。

方案三：委托其他卷烟厂直接将烟叶加工成甲类卷烟，加工费用为 350（200＋150）万元，假设受托方无同类应税消费品。

已知三种方案中，对外销售甲类卷烟的销售额均为 2 000 万元，共 20 万标准条。

请计算该批卷烟在三种方案下应缴纳的消费税，并确定卷烟厂应采用哪种方案。

**筹划思路**

自行加工卷烟并出售，其消费税从价计征部分的计税价格是销售价格；以委托加工方式销售卷烟，其计税价格是组成计税价格或同类产品销售价格；如果委托加工烟丝收回后继续加工卷烟，在销售卷烟时缴纳消费税，但可以按照本期领用委托加工消费品数量抵扣已纳消费税。

**筹划过程**

方案一，即自行加工卷烟。当烟丝加工后被领用时不用缴纳消费税，只需要在卷烟销售后缴纳消费税。

应纳消费税＝2 000×56%＋20×200×0.003＝1 132（万元）

方案二，即委托加工成烟丝，收回后继续加工为卷烟。在收回烟丝时，受托方要代收代缴消费税，同时卷烟厂在销售卷烟时还要缴纳消费税。因受托方无同类消费品，故要按烟丝组成计税价格代收代缴消费税。

受托方代收代缴消费税＝(300＋200)÷(1－56%)×56%＝636.36（万元）

卷烟厂销售卷烟应纳消费税＝2 000×56%＋20×200×0.003－636.36
＝495.64（万元）

应纳消费税合计＝636.36＋495.64＝1 132（万元）

方案三，即该卷烟厂直接委托其他卷烟厂将烟丝加工成甲类卷烟。

该卷烟厂支付受托方代收代缴消费税＝(300＋350)÷(1－56%)×56%＋20×200×0.003
＝839.27（万元）

出售卷烟需要补缴消费税＝2 000×56%＋20×200×0.003－839.27
＝292.73（万元）

应纳消费税合计＝839.27＋292.73＝1 132（万元）

### 筹划结论

通过分析三种方案可以看出，在各相关因素相同的条件下，该卷烟厂选择不同的加工方式对其销售业务没有明显影响，但是三种方式的消费税纳税时间不同。其中，委托加工方式下，在提货环节就发生了消费税的纳税义务。

### 筹划点评

虽然委托加工没有达到降低消费税税负的目的，但在实际业务中，委托加工成本往往小于自行加工的成本，从企业实现利润的角度来看还是有一定优势的。另外，有时因为订单量、交货时间以及企业自身规模等因素，委托加工也不失为一个好的选择。

## 情境二 销售阶段的筹划

### 一、降低销售价格

◆税收法律依据

消费税的一些子税目中，由于价格不同导致适用的税率不同，即消费品的等级不同，税率也不同，税法以单位定价为标准确定等级，单位定价越高，等级越高，税率也就越高。例如，自2009年5月1日起，甲类卷烟，即每标准条（200支）调拨价≥70元，适用税率为56%，乙类卷烟，即每标准条（200支）调拨价<70元，适用税率为36%；根据有关规定，每吨啤酒出厂价（含包装物及包装物押金不含增值税价）在3 000元（含3 000元，不含增值税）以上的，为甲类啤酒，单位税额250元/吨，每吨啤酒出厂价在3 000元（不含3 000元，不含增值税）的，为乙类啤酒，单位税额为220元/吨。

由以上规定可以看出，卷烟和啤酒是根据价格实行全额累进税率的，当处于税率分界点时，税收负担变化比较明显，甚至会出现增加的价格收入小于增加的消费税额，也就是价格提升了，利润反而降低的情况，从而出现"税收陷阱"。在此情况下，在临近的税率等级中合理定价是纳税筹划的关键，适当降低产品价格反而能够增加企业税后利润，以避免落入"税收陷阱"。

**工作案例3-6** 钻石卷烟集团开发生产新型卷烟，原来是每标准条调拨价60元，现在有三个调价方案：方案一是每标准条提价10%，方案二是每标准条提价30%，方案三是每标准条提价60%。假定价格提升不影响销量。以提高企业利润为标准，请判断该集团应该采取哪个方案。

### 筹划思路

钻石卷烟集团应避免落入"税收陷阱"，计算调高后的调拨价格是否高于分界点、适用高税率，导致消费税税负增加，利润反而降低。

### 筹划过程

方案一：每标准条卷烟调价前为60元，调价后为66元，都属于乙类卷烟，所以适用从价税率36%、从量定额税率0.6元/标准条。

调价增加的收入＝66－60＝6（元/条）

增加的消费税＝(66×36%＋0.6)－(60×36%＋0.6)＝2.16（元/条）

增加的城市维护建设税及教育费附加＝2.16×(7%＋3%)＝0.216（元/条）

增加的利润＝6－2.16－0.216＝3.624（元/条）

方案二：每标准条卷烟调价前为60元，属于乙类卷烟，适用从价税率36%、从量定额税率0.6元/条；调价后为78元，属于甲类卷烟，适用从价税率56%、从量定额税率0.6元/条。

调价增加的收入＝78－60＝18（元/条）

增加的消费税＝(78×56%＋0.6)－(60×36%＋0.6)＝22.08（元/条）

增加的城市维护建设税及教育费附加＝22.08×(7%＋3%)＝2.208（元/条）

增加的利润＝18－22.08－2.208＝－6.288（元/条）

方案三：每标准条卷烟调价前为60元，属于乙类卷烟，适用从价税率36%、从量定额税率0.6元/条；调价后为96元，属于甲类卷烟，适用从价税率56%、从量定额税率0.6元/条。

调价增加的收入＝96－60＝36（元/条）

增加的消费税＝(96×56%＋0.6)－(60×36%＋0.6)＝32.16（元/条）

增加的城市维护建设税及教育费附加＝32.16×(7%＋3%)＝3.216（元/条）

增加的利润＝36－32.16－3.216＝0.624（元/条）

**筹划结论**

由以上分析可知，该款卷烟按方案一调价，对企业利润增加最有利。

**筹划点评**

卷烟企业调价时一定要考虑甲类卷烟和乙类卷烟适用的消费税从价计税的税率不同。如果调价不改变卷烟类别，则可以调价；如果调价改变卷烟类别，则要计算增加的收入是否大于增加的消费税及其附加税费，据此进行判断。

## 二、避免采用最高销售价格

◆税收法律依据

纳税人自产的应税消费品用于换取生产资料、消费资料、投资入股和抵偿债务等方面，应当将纳税人同类应税消费品的最高销售价格作为计税依据。在实际业务中，当纳税人将自产应税消费品用于以上几个方面时，一般是按照双方协议价或者公允价确定交易价格，而这个价格往往是市场平均价。在计算消费税时，税法规定要按照同类消费品的最高销售价格计算消费税，这显然加重了纳税人的税收负担。在此情况下，纳税人可以先将应税消费品销售给对方，然后再以销售款购买物资、投资入股或者抵偿债务，从而降低企业税负。

**工作案例 3-7** 途胜摩托车厂为增值税一般纳税人，2020 年 10 月准备对某企业进行投资，双方协商，途胜摩托车厂以 500 辆摩托车实物入股，按当月平均售价确定投资金额。已知途胜摩托车厂 10 月对外销售同型号摩托车时有三个价格：以 7 000 元/辆的价格销售 300 辆，以 7 500 元/辆的价格销售 150 辆，以 8 000 元/辆的价格销售 50 辆，此类摩托车适用的消费税税率为 10%。请分析该厂如何筹划能够降低税收负担。

**筹划思路**

途胜摩托车厂如果按照事先约定进行实物投资入股，按照规定应该用最高售价计算缴纳消费税，这样就加重了企业税负。建议该厂"先销售、后投资"，即先将摩托车销售给被投资公司，再用销售款进行投资入股。

**筹划过程**

筹划前：直接以摩托车进行实物投资入股。

应纳消费税＝8 000×500×10%＝400 000（元）

筹划后：采用"先销售、后投资"方式投资入股。

按照双方约定，按照当月平均售价确定投资额，此时的销售价就是当月平均售价，即（7 000×300＋7 500×150＋8 000×50）÷（300＋150＋50）＝7 250（元）。

应纳消费税＝7 250×500×10%＝362 500（元）

**筹划结论**

筹划后与筹划前相比，可以少缴纳消费税 37 500（400 000－362 500）元。

**筹划点评**

当纳税人以应税消费品入股投资时，只要协议的价格或者评估的价格低于当月销售的最高价格，就应该考虑转换投资方式，采用"先销售、后投资"的方法，以便减轻消费税税负。

## 三、包装物销售、收取租金改为收取押金

◆税收法律依据

我国现行税法关于从价计征消费税的包装物征税有以下规定：

应税消费品连同包装物销售的，无论包装物是否单独计价以及在会计上如何核算，均应并入应税消费品的销售额中缴纳消费税。如果包装物不作价随同产品销售，而是收取押金，则此项押金不应并入应税消费品的销售额中征税。但对因逾期未收回的包装物不再退还的或者已收取的时间超过 12 个月的押金，应并入应税消费品的销售额，按照应税消费品的适用税率缴纳消费税。

对既作价随同应税消费品销售，又另外收取押金的包装物，凡纳税人在规定的期限内没有退还，均应并入应税消费品的销售额，按照应税消费品的适用税率缴纳消费税。

从 1995 年 6 月 1 日起，对销售除啤酒、黄酒外的其他酒类产品而收取的包装物押金，无论是否返还以及会计上如何核算，均应并入当期销售额征税。

由此可见，除酒类企业外，其他企业可以在条件允许的情况下，将包装物销售或者收取租金改为收取押金的形式。这样就可以不必并入销售额中计算消费税，从而减轻企业税负，即使押金逾期需要计征消费税，也达到了延期纳税目的。

**工作案例 3-8** 红妆化妆品公司为增值税一般纳税人，2020 年度销售高档化妆品 40 万套，每套价值 10 000 元，另外包装物的价值为每套 100 元，以上均为不含税价格。此包装物可以周转使用，对包装物的处理提出以下三套方案：

方案一：采取包装物作价出售的方式，每套 100 元。

方案二：采取收取包装物租金的方式，每套租金 113 元。

方案三：采取收取包装物押金的方式，每套押金 113 元，抵押期为 1 年。

请对以上三套方案分别进行纳税分析并选择。

### 筹划思路

红妆化妆品公司如果将包装物随同商品一起出售或采取收取租金的形式，计算消费税时均应并入应税消费品的销售额中缴纳消费税；如果采取收取押金的形式，就可以不并入销售额中计征消费税。

### 筹划过程

方案一：采取包装物作价出售的方式。

应纳消费税＝40×(10 000＋100)×15%＝60 600（万元）

方案二：采取收取包装物租金的方式，每套租金 113 元。

收取租金应为价外收费，是含税收入，故应转换为不含税收入计算消费税。

租金不含税收入＝113÷(1＋13%)＝100（元/套）

应纳消费税＝40×(10 000＋100)×15%＝60 600（万元）

方案三：采取收取包装物押金的方式，每套押金 113 元，抵押期为 1 年。

采取收取包装物押金的形式，押金不必并入化妆品的销售额中计征税款。

应纳消费税＝40×10 000×15%＝60 000（万元）

### 筹划结论

由此可见，方案三与方案一、方案二相比，少缴纳消费税 600（60 600－60 000）万元。

### 筹划点评

将销售包装物或收取租金的形式改为收取押金的形式，可以减轻企业的税负，即使 1 年后没有归还包装物，逾期要补交消费税及相关税款，但也做到了延期纳税，充分利用了资金的时间价值，对企业来说也是非常可贵的。

## 四、自产自用应税消费品的计税价格

◆税收法律依据

自产自用应税消费品用于连续生产应税消费品的，不纳税；用于其他方面，有同类消费品销售价格的，按照纳税人生产的同类消费品销售价格计算纳税，没有同类消费品销售价格的，按照组成计税价格计算纳税。计算公式为：

组成计税价格=(成本+利润)÷(1−消费税税率)

应纳税额=组成计税价格×适用税率

**工作案例 3-9** 某摩托车厂将 100 辆新款摩托车作为年终奖发放给职工。该种摩托车目前没有售价，成本为 4 500 元/辆，如果采取成本控制，可将成本降至 4 400 元/辆，成本利润率为 6%，消费税税率为 10%。该摩托厂当月销售另一种老型号摩托车 1 000 辆，其中按照 5 000 元的价格销售了 700 辆，按照 5 500 元的价格销售了 300 辆。请计算作为年终奖发放给职工的 100 辆摩托车应当缴纳多少消费税，并给出纳税筹划方案。

**筹划思路**

自产自用的应税消费品用于其他方面，如果该应税消费品有市场价格，则按照市场价格计算消费税；如果没有同类应税消费品市场价格，则按照组成计税价格计算纳税，那么成本的高低直接影响组成计税价格的高低，从而影响消费税税额的高低。

**筹划过程**

方案一：按照原来的 4 500 元/辆的成本价格计算消费税。

组成计税价格=4 500×(1+6%)÷(1−10%)=5 300（元）

应纳消费税=5 300×10%×100=53 000（元）

方案二：通过成本控制将成本降为 4 400 元/辆。

组成计税价格=4 400×(1+6%)÷(1−10%) =5 182（元）

应纳消费税=5 182×10%×100=51 820（元）

方案三：将旧款的摩托车发给职工作为年终奖。

加权平均售价=(5 000×700+5 500×300)÷1 000=5 150（元）

应纳消费税=5 150×10%×100=51 500（元）

**筹划结论**

由此可见，方案二与方案一相比，少缴纳消费税 1 180（53 000−51 820）元，方案三与方案一相比，少缴纳消费税 1 500（53 000−51 500）元。因此，企业可以通过控制成本价格的方式减轻消费税税负，或者改变奖励的摩托车的型号，也可降低税负。

**筹划点评**

通过降低产品成本的方式，可以减轻企业消费税的税负，但是实际操作时具有一定的难度。一般情况下，企业可以选择合理的成本分配方法，将成本合理地、较多地分摊到不需要计缴消费税的产品上，相应地压缩需要通过计算组成计税价格来计缴消费税的产品的成本，进而降低消费税税负。另外，也可以选择类似的有售价的产品作为奖品，减轻企业的消费税税负。

# 任务四　消费税税率的筹划

## 情境一　销售阶段的筹划

◆税收法律依据

我国现行税法规定，对于纳税人兼营不同税率应税消费品的，应当分别核算不同税率应税消费品的销售额、销售数量，分别按各自的税率计算纳税；未分别核算销售额、销售数量的，从高适用税率。当企业经营多种税率的应税消费品时，应分别核算，以免从高适用税率，增加企业税负。

**工作案例 3－10**　康健酒业既生产粮食白酒，又生产药酒。2020 年，该公司生产销售粮食白酒 500 吨，收取价款 5 000 万元；销售药酒 300 吨，收取价款 4 000 万元。请分析该酒业是选择分别核算还是合并核算，哪个方案对企业更有利。

**筹划思路**

康健酒业如果采取合并核算，销售药酒所缴纳的消费税需要从高适用白酒的计算方法，即复合计税，这样无形中增加了企业的税负。

**筹划过程**

分别核算：

白酒应纳消费税＝5 000×20％＋500×2 000×0.5÷10 000＝1 050（万元）

药酒应纳消费税＝4 000×10％＝400（万元）

应纳消费税合计＝1 050＋400＝1 450（万元）

合并核算：

应纳消费税＝(5 000＋4 000)×20％＋(500＋300)×2 000×0.5÷10 000
＝1 880（万元）

**筹划结论**

由此可见，分别核算比合并核算少缴纳消费税 430（1 880－1 450）万元，纳税人应选择分别核算不同税率的应税消费品，否则将会增加企业税负。

**筹划点评**

其实，税法中“未分别核算销售额、销售数量的，从高适用税率”的规定，也是引导企业规范其会计核算。企业如果生产经营多种税率的消费品，应该在财务核算、存货管理和合同文本设计上，分开显示不同应税消费品的销售额、销售数量，以避免从高适用税率。

## 情境二　成套消费品的筹划

◆税收法律依据

我国现行税法规定，纳税人将应税消费品与非应税消费品以及适用不同税率的应税消费品组成成套消费品销售时，应根据组合产成品的销售金额按应税消费品中适用最高税率的消费品的税率征税。

根据税法的规定，如果成套销售的商品皆为应税消费品，且使用税率相同，那么可以选择成套销售，这样可以达到增加销售量和利润的目的；如果成套销售的商品是适用不同税率的应税消费品或包含非应税消费品，这样就可能增加消费税税负，企业要考虑成套销售的必要性，以免带来不必要的损失。另外，企业也可选择“先销售后包装”的方式，将包装成套的环节后移给批发商或零售商，从而降低消费税税负。

**工作案例 3-11** 飘香酒业集团生产销售各类酒产品。2020 年 12 月，该集团推出一款酒产品套装，每套产品由一瓶白酒（单价为 70 元）、一瓶红酒（单价为 100 元）和一瓶药酒（单价为 130 元）构成，每瓶均为 500 克，每套价格 300 元，当月共销售 10 000 套，取得不含税销售额 300 万元。白酒适用税率为 20%加 0.5 元/500 克，红酒、药酒均适用 10%的税率。请问该酒业集团此次销售方案是否有筹划的空间？如何操作？

**筹划思路**

白酒、红酒、药酒适用的消费税税率不同，如果成套销售，需要从高按照白酒的复合计税方法计算缴纳消费税，这样就增加了企业税负，建议该集团分别将组成套盒的白酒、红酒和药酒先销售给一级批发商，分别开具发票，再由一级批发商组成成套礼盒销售。

**筹划过程**

筹划前：

成套销售应纳消费税＝(300×20%＋3×0.5)×10 000＝615 000（元）

筹划后：

销售白酒应纳消费税＝(70×20%＋0.5)×10 000＝145 000（元）

销售红酒应纳消费税＝100×10%×10 000＝100 000（元）

销售药酒应纳消费税＝130×10%×10 000＝130 000（元）

应纳消费税合计＝145 000＋100 000＋130 000＝375 000（元）

**筹划结论**

筹划后比筹划前节税 240 000（615 000－375 000）元。

**筹划点评**

目前，成套消费品销售被广泛应用于酒类、高档化妆品、贵重首饰及珠宝玉石、高档手表等。纳税人应将组成套装的不同的消费品分别核算、销售给批发商或零售商，再由批发商或零售商组成成套消费品销售，从而避免适用最高税率的规定。

## 任务五　消费税纳税义务时间的筹划

◆税收法律依据

企业在销售中采用不同的销售方式，纳税义务发生时间是不同的。采取赊销和分期收款结算方式的，纳税义务发生时间为销售合同规定的收款日期的当天，书面合同没有约定收款日期或者无书面合同的，纳税义务发生时间为发出应税消费品的当天；纳税人采取预收货款结算方式的，纳税义务发生时间为发出应税消费品的当天；纳税人采取托收承付和委托银行收款方式的，纳税义务发生时间为发出应税消费品并办妥托收手续的当天；纳税人采取其他结算方式的，纳税义务发生时间为收讫销售款或者取得索取销售款凭据的当天。纳税人以 1 个月或者 1 个季度为一个纳税期的，自期满之日起 15 日内申报纳税。

从纳税筹划的角度看，选择恰当的销售方式可以使企业合理地推迟纳税义务发生时间，递延税款缴纳。需要注意的是，企业通过选择销售方式以推迟纳税义务发生时间并没有降低企业负担的绝对税额，而是通过递延税款缴纳以获得相对节税的好处。在筹划过程中，企业可以通过确定不同的销售方式来达到递延税款缴纳的目的。例如，对于一笔销售业务，企业面临直接收款销售和赊销两个选择。若企业选择直接收款销售，则应在当期确定销售额并按时缴纳消费税；若企业选择赊销，并在书面合同中约定收款日期，则其纳税义务发生时间为合同约定的收款日当天，不仅能够递延税款缴纳，还能节约大量流动资金。

**工作案例 3-12** 靓妆化妆品有限公司以生产并销售高档化妆品为主，2021 年 6 月有以下经济业务，针对公司的相应处理，思考是否可以进行纳税筹划并做出筹划方案：

(1) 1 日，与甲商场签订了一份高档化妆品销售合同，销售金额为 450 万元（不含税，下同），货物于 6 月 15 日、7 月 15 日、8 月 15 日分三批发给商场（每批 150 万元），货款于每批货物发出后支付。公司会计在 6 月底按 450 万元销售额计算并缴纳了消费税。

(2) 20 日，与乙商场签订了一份高档化妆品销售合同，货物价值 200 万元，当月收到货款，约定于 7 月 20 日发出货物。公司会计在 6 月底按 200 万元销售额计算并缴纳了消费税。

(3) 25 日，与丙商场签订了一份高档化妆品销售合同，合同价款为 100 万元，约定付款日期是 6 月 30 日，货物于次日发出。公司会计在 6 月底按 100 万元销售额计算并缴纳了消费税。

**筹划思路**

公司的销售人员应熟悉经济合同书立对税收的影响，财务人员进行账务处理和计算税款时也要准确、谨慎，可以充分利用消费税纳税义务发生时间和纳税期限的有关规定，合理延迟纳税义务发生时间，从而充分利用资金的时间价值。

**筹划过程**

第一笔业务，合同没有明确销售方式，公司会计人员依法对其按直接销售处理，于业务发生当月月底计算并缴纳消费税 67.5（450×15%）万元。建议公司的销售人员在与甲商场签订合同时，将这笔业务明确为分期收款结算方式销售业务，则该笔业务的收入就可以依照税法的规定，分别在 6 月、7 月、8 月分别确认，并计算消费税。这样，一部分销售收入的纳税义务就可以向后推迟，合理延迟纳税义务发生的时间。

第二笔业务，根据合同内容显示，该合同是预收货款结算方式，财务人员却按照收到货款的当月计算消费税 30（200×15%）万元。根据税法的相关规定，纳税人采取预收货款结算方式的，纳税义务发生时间为发出应税消费品的当天，财务人员可在 7 月确认销售收入以及消费税纳税义务，这样就可以将消费税的纳税义务发生时间推后一个月。

第三笔业务，由于合同规定的付款时间正好是6月的最后一天，导致按税法规定消费税的纳税义务发生时间为6月，计算并缴纳消费税15（100×15%）万元。建议销售人员在签订合同时，与客户进行协商，将付款时间推后一天，即7月1日，则这笔销售涉及的消费税纳税义务就在7月，合理延迟纳税义务发生的时间。

**筹划结论**

可参见上述筹划过程。

**筹划点评**

通过利用消费税纳税义务发生时间和纳税期限的有关规定，合理延迟纳税义务发生时间，从而充分利用资金的时间价值，相当于从银行获取一笔无息贷款，若同时考虑到增值税、城市维护建设税和教育费附加，则节税效果更加明显。

## 【能力训练】

### 一、单项选择题

1. 下列应税消费品中，适用税率为30%的是（　　）。

A. 白酒　　B. 珠宝玉石　　C. 烟丝　　D. 雪茄烟

2. 纳税人将自产自用的应税消费品用于连续生产应税消费品时（　　）。

A. 视同销售纳税　　B. 于移送使用时纳税

C. 按组成计税价格纳税　　D. 不纳税

3. 纳税人委托个体经营者加工应税消费品，一律（　　）消费税。

A. 由受托人代收代缴　　B. 不缴纳

C. 由受托方收回后在委托方所在地缴纳　　D. 由委托方提货时在受托方所在地缴纳

4. 委托加工的一般应税消费品，没有同类消费品销售价格的，按组成计税价格计算纳税，其组成计税价格等于（　　）。

A.（材料成本＋加工费）/(1＋消费税税率)

B.（材料成本＋加工费）/(1－消费税税率)

C.（材料成本＋加工费）/(1＋增值税税率)

D.（材料成本＋加工费）/(1－增值税税率)

5. 纳税人用于换取生产资料和消费资料、投资入股或抵偿债务的应税消费品，均视同对外销售并以纳税人的同类应税消费品的（　　）作为计税依据。

A. 算数平均销售价格　　B. 最高销售价格

C. 加权平均销售价格　　D. 组成计税价格

6. 实行从量定额的办法计算应纳税额的应税消费品是（　　）。

A. 白酒　　B. 卷烟

C. 木制一次性筷子　　D. 啤酒

7. 纳税人进口应税消费品，应当自海关填发海关进口消费税专用缴款书之日起（　　）日内缴纳税款。

A. 5　　B. 7　　C. 10　　D. 15

## 二、多项选择题

1. 确定消费税的销售额时，可以不计入销售额的有（　　）。

A. 向购买方收取的增值税　　B. 符合条件的代垫运费

C. 受托加工应税消费品代收代缴消费税　　D. 违约金

2. 下列应税消费品中，适用相同的消费税税率的是（　　）。

A. 化妆品　　B. 高尔夫球及球具

C. 高档手表　　D. 游艇

3. 根据《消费税暂行条例》及若干具体补充规定，下列货物中，应当缴纳消费税的有（　　）。

A. 酒厂以福利形式发给职工的白酒

B. 汽车制造商赞助汽车拉力赛的越野车

C. 化妆品厂无偿发放一批小包装的试用品

D. 卷烟厂用自己生产的烟丝制造卷烟

4. 下列连续生产的应税消费品中，在计税时准予按当期生产领用数量计算扣除外购的应税消费品已纳的消费税税款的是（　　）。

A. 外购已税烟丝生产的卷烟

B. 外购已税珠宝玉石生产的改在零售环节征收消费税的金银首饰

C. 以外购已税杆头、杆身和握把为原料生产的高尔夫球杆

D. 外购已税化妆品生产的护肤护发品

5. 实行从量定额办法计算的消费税应纳税额的计算公式为：应纳税额＝销售数量×定额税率，这里的销售数量是指应税消费品的数量，具体是指（　　）。

A. 销售应税消费品的，为应税消费品的销售数量

B. 自产自用应税消费品的，为应税消费品的移送使用数量

C. 委托加工应税消费品的，为纳税人收回的应税消费品数量

D. 进口应税消费品的，为纳税人报关进口的应税消费品数量

6. 纳税人销售的应税消费品，以及自产自用的应税消费品，除国务院财政、税务主管部门另有规定外，应当向纳税人的（　　）主管税务机关申报纳税。

A. 机构所在地　　B. 登记注册地

C. 居住地　　D. 户籍所在地

## 三、判断题

1. 消费税的征税环节与增值税一致，都是从生产到销售的所有环节。（　　）

2. 消费税组成计税价格涉及的成本利润率与增值税一样，均为10%。（　　）

3. 当企业经营多种税率的应税消费品时，应分别核算，以免从高适用税率，增加企业税负。（　　）

4. 当酒类包装物押金并入销售额征税时，应先将该押金换算成不含增值税价，再并入销售额征收消费税。（　　）

5. 企业受托加工应税消费品代收代缴的消费税，在采用组成计税价格时，其价格构成为成本和利润。（　　）

## 四、案例分析题

1. 长江汽车制造厂欠库特意轮胎厂200万元。2020年9月，双方商量以其生产的20辆小汽车抵债。该款小汽车每辆抵债作价10万元（不含增值税），当月销售同款汽车不含增值税的价格分别是9.8万元、10.8万元、11.8万元。该款小汽车适用的消费税税率为5%。

要求：分析长江汽车制造厂应如何筹划才能减少消费税负担。

2. A化妆品公司（一般纳税人）欲将一批价值100万元的原材料加工成高档化妆品，现有三种方案可供选择：

方案一：委托B公司加工成化妆品，加工费70万元，收回后直接对外销售，对外售价为300万元。

方案二：委托B公司加工成初级高档化妆品，支付加工费36万元，收回后再进一步加工，发生加工费用34万元。加工完成后，对外销售价格为300万元。

方案三：自行加工，发生加工费用70万元。对外销售价格为300万元。

B公司无同类消费品销售。该批化妆品最终售价预计为300万元。A化妆品公司生产的高档化妆品适用的消费税税率为15%，所得税税率为25%。

要求：分析A化妆品公司采用何种方案获得的利润最高（不考虑城市维护建设税及教育费附加）。

3. 某日化厂为一般纳税人，既生产高档化妆品又生产护发品。该日化厂现有两套销售方案：一是分别销售高档化妆品和护发品，并分别核算；二是将高档化妆品和护发品组成礼品盒销售。若分别销售，该日化厂可取得高档化妆品销售收入20万元，护发品销售收入7万元；若以礼品盒销售，同样数量的高档化妆品和护发品销售价格不变，销售收入为27万元。上述收入均为不含税收入，高档化妆品适用的消费税税率为15%。

要求：分析上述两个方案并进行选择。

# 项目四　企业所得税纳税筹划

**【知识目标】**

1. 了解企业所得税税法要素的基本知识；
2. 熟悉企业所得税纳税筹划的基本思路。

**【能力目标】**

掌握企业所得税的主要筹划手段和方式。

**【素质目标】**

培养依法纳税、诚信纳税意识。

**【重点难点】**

能够灵活运用各种纳税筹划方法对企业所得税进行筹划，从而达到节税的目的。

**【引例】**

某企业2014年度应纳税所得额为40万元，在此之前没有需要弥补的亏损，2015年度发生亏损40万元，2016年度发生亏损30万元，2017年度发生亏损20万元，2018年度应纳税所得额为10万元（尚未弥补以前年度亏损，下同），2019年度应纳税所得额为20万元，2020年度应纳税所得额为30万元。请计算该企业2014年至2020年每年应当缴纳的企业所得税，并提出纳税筹划方案。（假定每个年度该企业均不符合小微企业条件）

**【要求】**请对上述业务进行纳税筹划。

**【引例解析】**该企业2014年度应纳税所得额为40万元，由于以前年度没有需要弥补的亏损，因此，2014年度的应纳所得税额为：40×25%＝10（万元）。2015年至2017年亏损，不需要缴纳企业所得税。2018年度应纳税所得额为10万元，弥补以前年度亏损后没有余额，因此，不需要缴纳企业所得税。2019年度应纳税所得额为20万元，此时前五年尚有80万元亏损没有弥补，因此2019年度不需要缴纳企业所得税。2020年度应纳税所得额为30万元，此时前五年尚有60万元亏损没有弥补，因此2020年也不需要缴纳企业所得税。

该企业2014年至2020年一共需要缴纳企业所得税10万元。该企业的特征是先盈利后亏损，这种状况就会导致企业在以后年度的亏损不可能用以前年度的盈利来弥补，而企业能否盈利在很大程度上都是可以预测的，因此如果企业已经预测到某些年度会发生无法避免的亏损，就尽量将盈利放在亏损年度以后。本例中，该企业可以在2014年度多开支40万元，也就是将2015年度的部分开支提前，而将某些收入放在2015年度来实现。这样，该企业2014年度通过调整降低了应纳税所得额，2015年度提高应纳税所得额，2014年度和2015年度应纳税所得额均变为零，以后年度的生产经营状况不变，该企业在2016年至2019年同样不需要缴纳企业所得税，2020 年度弥补亏损以后剩余 10 万元应纳税所得额，需要缴纳企业所得税为：10×25%=2.5（万元），通过纳税筹划可减少应纳税额 7.5 万元。

**【筹划点评】**筹划的方法就是让企业尽量多享受五年补亏政策，减小应纳税所得额。

# 任务一　企业所得税税法要素及筹划思路

## 一、企业所得税的纳税人和扣缴义务人

### （一）纳税人

按《中华人民共和国企业所得税法》的规定，在中华人民共和国境内，企业和其他取得收入的组织（以下统称企业）为企业所得税的纳税人。企业分为居民企业和非居民企业。

所谓居民企业，是指依法在中国境内成立，或者依照外国（地区）法律成立但实际管理机构在中国境内的企业，包括依照中国法律、行政法规在中国境内成立的企业、事业单位、社会团体以及其他取得收入的组织，但不包括依照中国法律、行政法规成立的个人独资企业和合伙企业。

所谓非居民企业，是指依照外国（地区）法律成立且实际管理机构不在中国境内，但在中国境内设立机构、场所的，或者在中国境内未设立机构、场所，但有来源于中国境内所得的企业，包括依照外国（地区）法律成立的企业和其他取得收入的组织。

上述中的实际管理机构，是指对企业的生产经营、人员、账务、财产等实施实质性全面管理和控制的机构。机构、场所，是指在中国境内从事生产经营活动的机构、场所，包括：（1）管理机构、营业机构、办事机构；（2）工厂、农场、开采自然资源的场所；（3）提供劳务的场所；（4）从事建筑、安装、装配、修理、勘探等工程作业的场所；（5）其他从事生产经营活动的机构、场所。非居民企业委托营业代理人在中国境内从事生产经营活动的，包括委托单位或者个人经常代其签订合同，或者储存、交付货物等，该营业代理人视为非居民企业在中国境内设立的机构、场所。

### （二）扣缴义务人

非居民企业在中国境内未设立机构、场所的，或者虽设立机构、场所但取得的所得与其所设机构、场所没有实际联系的所得应缴纳的所得税，实行源泉扣缴，以支付人为扣缴义务人。税款由扣缴义务人在每次支付或者到期应支付时，从支付或者到期应支付的款项中扣缴。对非居民企业在中国境内取得工程作业和劳务所得应缴纳的所得税，税务机关可以指定工程价款或者劳务费的支付人为扣缴义务人。

## 二、企业所得税的征税对象

### （一）居民企业的征税对象

居民企业应当就其来源于中国境内、境外的所得缴纳企业所得税。所得，包括销售货物所得、提供劳务所得、转让财产所得、股息红利等权益性投资所得、利息所得、租金所得、特许权使用费所得、接受捐赠所得和其他所得。

### （二）非居民企业的征税对象

非居民企业在中国境内设立机构、场所的，应当就其所设机构、场所取得的来源于中国境内的所得，以及发生在中国境外但与其所设机构、场所有实际联系的所得缴纳企业所得税。所谓实际联系，是指非居民企业在中国境内设立的机构、场所拥有据以取得所得的股权、债权，以及拥有、管理、控制据以取得所得的财产等。

非居民企业在中国境内未设立机构、场所的，或者虽设立机构、场所但取得的所得与其所设机构、场所没有实际联系的，应当就其来源于中国境内的所得缴纳企业所得税。

**纳税筹划思路**

1. 巧选非居民企业，避免成为居民企业，从而选择优惠税率。

2. 合理选择公司组织形式，比较具有法人资格的企业与个人独资企业、合伙企业的税负情况。

3. 注意子公司和分公司的选择。

## 三、企业所得税的税率

企业所得税采用比例税率，分为基本税率和低税率。

（1）基本税率为25%。适用于居民企业和在中国境内设有机构、场所且所得与所设机构、场所有关联的非居民企业。

（2）低税率为20%。适用于在中国境内未设立机构、场所的，或者虽设立机构、场所但取得的所得与其所设机构、场所没有实际联系的非居民企业。但实际征税时适用10%的税率。

此外，符合条件的小型微利企业适用税率为20%；国家需要重点扶持的高新技术企业适用税率为15%。

**纳税筹划思路**

1. 考虑非居民企业在中国境内是否设置机构和场所及其对企业所得税税率的影响。

2. 合理利用小型微利企业和高新技术企业的优惠税率。

## 四、企业所得税应纳税所得额的计算

企业所得税应纳税所得额的计算公式为：

应纳税所得额＝收入总额－不征税收入－免税收入－各项扣除－以前年度亏损

### （一）收入总额

企业收入总额是指以货币形式和非货币形式从各种来源取得的收入。

货币形式：现金、存款、应收账款、应收票据、准备持有至到期的债券投资以及债务的豁免等。

非货币形式：固定资产、生物资产、无形资产、股权投资、存货、不准备持有至到期的债券投资、劳务以及有关权益等。非货币形式收入额应当按照公允价值确定。

1. 销售货物收入（权责发生制原则和实质重于形式原则）

销售货物收入，是指企业销售商品、产品、原材料、包装物、低值易耗品以及其他存货取得的收入。

符合收入确认条件，采取下列商品销售方式的，应按以下规定确认收入实现时间：

（1）销售商品采用托收承付方式的，在办妥托收手续时确认收入。

（2）销售商品采用预收款方式的，在发出商品时确认收入。

（3）销售商品需要安装和检验的，在购买方接受商品以及安装和检验完毕时确认收入。如果安装程序比较简单，可在发出商品时确认收入。

（4）销售商品采用支付手续费方式委托代销的，在收到代销清单时确认收入。

2. 提供劳务收入

提供劳务收入是指企业从事建筑安装、修理修配、交通运输、仓储租赁、金融保险、邮电通信、咨询经纪、文化体育、科学研究、技术服务、教育培训、餐饮住宿、中介代理、卫生保健、社区服务、旅游、娱乐、加工以及其他劳务服务活动取得的收入。

在各个纳税期末，企业提供劳务交易的结果能够可靠估计的，应采用完工进度（百分比）法确认提供劳务收入。

3. 转让财产收入

转让财产收入是指企业转让固定资产、生物资产、无形资产、股权、债权等财产取得的收入。收入的确认应当按照从财产受让方已收或应收的合同或协议价款。

4. 股息、红利等权益性投资收益

股息、红利等权益性投资收益是指企业因权益性投资而从被投资方取得的收入。除国务院财政、税务主管部门另有规定外，按照被投资方做出利润分配决定的日期确认收入的实现。

5. 利息收入

利息收入是指企业将资金提供他人使用但不构成权益性投资，或者因他人占用本企业资金取得的收入，包括存款利息、贷款利息、债券利息、欠款利息等收入。按照合同约定的债务人应付利息的日期确认收入的实现。

6. 租金收入

租金收入是指企业提供固定资产、包装物或者其他有形资产的使用权取得的收入。按照合同约定的承租人应付租金的日期确认收入的实现。如果交易合同或协议中规定租赁期限跨年度，且租金提前一次性支付的，出租人可对上述已确认的收入，在租赁期内分期均匀计入相关年度收入。

7. 特许权使用费收入

特许权使用费收入是指企业提供专利权、非专利技术、商标权、著作权以及其他特许权的使用权取得的收入。按照合同约定的特许权使用人应付特许权使用费的日期确认收入的实现。

8. 接受捐赠收入

接受捐赠收入是指企业接受的来自其他企业、组织或者个人无偿给予的货币性资产、非货币性资产。按照实际收到捐赠资产的日期确认收入的实现。

（二）不征税收入和免税收入

1. 不征税收入

（1）财政拨款。财政拨款是指各级人民政府对纳入预算管理的事业单位、社会团体等组织拨付的财政资金，但国务院和国务院财政、税务主管部门另有规定的除外。

（2）依法收取并纳入财政管理的行政事业性收费、政府性基金。

（3）国务院规定的其他不征税收入。

2. 免税收入

（1）国债利息收入。

（2）符合条件的居民企业之间的股息、红利等权益性投资收益。“符合条件”是指居民企业直接投资于其他居民企业取得的投资收益。不包括连续持有居民企业公开发行并上市流通的股票不足 12 个月取得的投资收益；未上市的居民企业之间的投资，不受 12 个月期限限制。

（3）在中国境内设立机构、场所的非居民企业从居民企业取得与该机构、场所有实际联系的股息、红利等权益性投资收益。该收益不包括连续持有居民企业公开发行并上市流通的股票不足 12 个月取得的投资收益。

（4）符合条件的非营利组织的收入。对非营利组织从事非营利性活动取得的收入给予免税，但对从事营利性活动取得的收入则要征税。

（三）税前扣除项目

（1）企业实际发生的与取得收入有关的、合理的支出，包括成本、费用、税金、损失和其他支出，准予在计算应纳税所得额时扣除。

（2）企业发生的支出应当区分收益性支出和资本性支出。收益性支出，在发生当期直接扣除；资本性支出，应当分期扣除或者计入有关资产成本，不得在发生当期直接扣除。

（3）企业的不征税收入用于支出所形成的费用或者财产，不得扣除或者计算对应的折旧、摊销扣除。

（4）税前可以扣除和不可以扣除的税金如表 4－1 所示。

**表 4－1　企业所得税税前扣除税金**

| 扣除方式 | 包含内容 |
|---|---|
| 作为“税金及附加”当期扣除 | 消费税、资源税、土地增值税、关税、城市维护建设税、教育费附加及房产税、车船税、城镇土地使用税、印花税 |
| 不得税前扣除的税金 | 企业所得税、可以抵扣的增值税 |

（5）企业发生的损失，减除责任人赔偿和保险赔款后的余额可以扣除。

（四）扣除标准

1. 工资、薪金支出

企业发生的合理的工资、薪金支出准予据实扣除。

2. 职工福利费、工会经费、职工教育经费

职工福利费、工会经费、职工教育经费的扣除标准如表 4－2 所示。

表 4-2　职工福利费、工会经费、职工教育经费扣除标准

| 项目 | 扣除标准 | 是否可以结转以后年度 |
| --- | --- | --- |
| 职工福利费 | 不超过工资、薪金总额的 14% | 不得结转 |
| 工会经费 | 不超过工资、薪金总额的 2% | 不得结转 |
| 职工教育经费 | 不超过工资、薪金总额的 8% | 准予结转 |

3. 保险费

（1）按照政府规定的范围和标准缴纳的“五险一金”，即基本养老保险费、基本医疗保险费、失业保险费、工伤保险费、生育保险基本社会保险费和住房公积金，准予扣除。

（2）企业为在本企业任职或受雇的全体员工支付的补充养老保险费、补充医疗保险费，在国务院财税部门规定的范围和标准（5%）内，在计算应纳税所得额时准予扣除；超过部分，不予扣除。

（3）企业参加财产保险，按照规定缴纳的保险费，准予扣除；企业为投资者或者职工支付的商业保险费，不得扣除。

（4）企业依照国家有关规定为特殊工种职工支付的人身安全保险费和符合国务院财政、税务主管部门规定可以扣除的商业保险费，准予扣除。

（5）企业职工因公出差乘坐交通工具发生的人身意外保险费支出，准予企业在计算应纳税所得额时扣除。

（6）企业参加雇主责任险、公众责任险等责任保险，按照规定缴纳的保险费，准予扣除。

4. 借款费用

（1）企业在生产经营活动中发生的合理的、不需要资本化的借款费用，准予扣除。

（2）企业为购置、建造固定资产、无形资产和经过 12 个月以上的建造才能达到预定可销售状态的存货发生借款的，其在有关资产购置、建造期间发生的合理的借款费用，予以资本化，作为资本性支出计入有关资产的成本；有关资产交付使用后发生的借款利息，可在发生当期扣除。

5. 利息费用

（1）非金融企业向金融企业借款的利息支出、金融企业的各项存款利息支出和同业拆借利息支出、企业经批准发行债券的利息支出，准予据实扣除。

（2）非金融企业向非金融企业借款的利息支出，不超过按照金融企业同期同类贷款利率计算的数额的部分，可据实扣除；超过部分，不允许扣除。

金融企业，是指各类银行、保险公司及经中国人民银行批准从事金融业务的非银行金融机构。

（3）企业投资者在规定期限内未缴足其应缴资本额的，该企业对外借款所发生的利息，相当于投资者实缴资本额与在规定期限内应缴资本额的差额应计付的利息，其不属于企业合理的支出，应由企业投资者负担，不得在计算企业应纳税所得额时扣除。

（4）企业向自然人借款的利息处理：

1）企业向股东或其他与企业有关联关系的自然人借款的利息支出，应根据规定的条件，计算企业所得税税前扣除额。

2）企业向除股东或其他与企业有关联关系的自然人以外的内部职工或其他人员借款的利息支出，其利息支出在不超过按照金融企业同期同类贷款利率计算的数额的部分，准予扣除。

6. 汇兑损失

汇兑损失，除已经计入有关资产成本以及与向所有者进行利润分配相关的部分外，准予扣除。

7. 公益性捐赠支出

公益性捐赠是指企业通过公益性社会组织或者县级以上人民政府及其部门，用于符合法律规定的慈善活动、公益事业的捐赠。

企业当年发生以及以前年度结转的公益性捐赠支出，不超过年度利润总额 12%的部分，准予扣除。年度利润总额是指企业依照国家统一会计制度的规定计算的年度会计利润。超过部分，准予以后三年内在计算应纳税所得额时结转扣除。

自 2019 年 1 月 1 日至 2022 年 12 月 31 日，企业通过公益性社会组织或者县级（含县级）以上人民政府及其组成部门和直属机构，用于目标脱贫地区的扶贫捐赠支出，准予在计算企业所得税应纳税所得额时据实扣除。

8. 业务招待费

（1）企业发生的与生产经营活动有关的业务招待费支出，按照发生额的 60%扣除，但最高不得超过当年销售（营业）收入的 5‰。

业务招待费扣除限额的计算基数为：销售（营业）收入合计＝主营业务收入＋其他业务收入＋视同销售收入。

（2）企业在筹建期间，发生的与筹办活动有关的业务招待费支出，可按实际发生额的 60%计入企业筹办费，并按有关规定在税前扣除。

9. 广告费和业务宣传费

（1）企业发生的符合条件的广告费和业务宣传费支出，除国务院财政、税务主管部门另有规定外，不超过当年销售（营业）收入 15%的部分，准予扣除；超过部分，准予在以后纳税年度结转扣除。

（2）企业在筹建期间发生的广告费和业务宣传费，可按实际发生额计入企业筹办费，并按有关规定在税前扣除。

（3）烟草企业的烟草广告费和业务宣传费支出，一律不得在计算应纳税所得额时扣除。

10. 环境保护专项资金

企业依照法律、行政法规有关规定提取的用于环境保护、生态恢复等方面的专项资金，准予扣除；上述专项资金提取后改变用途的，不得扣除。

11. 租赁费

（1）经营性租赁。发生的租入固定资产租赁费，根据租赁期限均匀扣除。

（2）融资性租赁。发生的租入固定资产租赁费，按照规定构成融资租入固定资产价值的部分应当提取折旧费用，分期扣除。

12. 劳动保护费

企业发生的合理的劳动保护支出，准予扣除。

13. 有关资产的费用

企业转让各类固定资产发生的费用，允许扣除；企业按规定计算的固定资产的折旧费、无形资产和递延资产的摊销费，准予扣除。

14. 总机构分摊费用的审核

非居民企业在中国境内设立的机构、场所，就其中国境外总机构发生的与该机构、场所生产经营有关的费用，能够提供总机构出具的费用汇集范围、定额、分配依据和方法等证明文件，并合理分摊的，准予扣除。

15. 手续费及佣金支出

(1) 自 2019 年 1 月 1 日起，保险企业发生与其经营活动有关的手续费及佣金支出，不超过当年全部保费收入扣除退保金等后余额的 18%（含本数）的部分，在计算应纳税所得额时准予扣除；超过部分，允许结转以后年度扣除。

(2) 其他企业，按与具有合法经营资格中介服务机构或个人（不含交易双方及其雇员、代理人和代表人等）所签订服务协议或合同确认的收入金额的 5%计算限额。

16. 党组织工作经费

(1) 国有企业（包括国有独资、全资和国有资本绝对控股、相对控股企业）纳入管理费用的党组织工作经费，实际支出不超过职工年度工资、薪金总额 1%的部分，可以据实在企业所得税前扣除。

(2) 非公有制企业党组织工作经费纳入企业管理费列支，不超过职工年度工资、薪金总额 1%的部分，可以据实在企业所得税前扣除。

17. 其他项目

依照有关法律、行政法规和国家有关税法规定准予扣除的其他项目有会员费、合理的会议费、差旅费、违约金、诉讼费用等。

### （五）不得扣除的项目

在计算应纳税所得额时，下列支出不得扣除：

(1) 向投资者支付的股息、红利等权益性投资收益款项。

(2) 企业所得税税款。

(3) 税收滞纳金。

(4) 罚金、罚款和被没收财物的损失（罚息、经济性罚款可以扣除）。

(5) 超过规定标准的捐赠支出（非公益性的捐赠不得扣除）。

(6) 企业发生与生产经营活动无关的各种非广告性质的赞助支出。

(7) 未经核定的准备金支出。

(8) 企业之间支付的管理费、企业内营业机构之间支付的租金和特许权使用费，以及非银行企业内营业机构之间支付的利息，不得扣除。

(9) 与取得收入无关的其他支出。

### （六）亏损弥补

(1) 纳税人发生年度亏损的，可以用下一纳税年度的所得弥补；下一纳税年度的所得不足弥补的，可以逐年延续弥补，但是延续弥补期最长不得超过 5 年。

(2) 企业在汇总计算缴纳企业所得税时，其境外营业机构的亏损不得抵减境内营业机构的盈利。

（3）自2018年1月1日起，当年具备高新技术企业或科技型中小企业资格的企业，其具备资格年度之前5个年度发生的尚未弥补完的亏损，准予结转以后年度弥补，最长结转年限由5年延长至10年。

### （七）非居民企业的应纳税所得额

在中国境内未设立机构、场所的，或者虽设立机构、场所但取得的所得与其所设机构、场所没有实际联系的非居民企业，其取得的来源于中国境内的所得，按照下列方法计算应纳税所得额：

（1）股息、红利等权益性投资收益和利息、租金、特许权使用费所得，以收入全额为应纳税所得额。

（2）转让财产所得，以收入全额减除财产净值后的余额为应纳税所得额。

（3）其他所得，参照前两项规定的方法计算应纳税所得额。

## 五、企业所得税应纳税额的计算

企业所得税应纳税额的计算公式为：

应纳税额＝应纳税所得额×适用税率－减免税额－抵免税额

企业取得的下列所得已在境外缴纳的所得税税额，可以从其当期应纳税额中抵免，抵免限额为该项所得依照规定计算的应纳税额；超过抵免限额的部分，可以在以后5个年度内，用每年抵免限额抵免当年应抵税额后的余额进行抵补：

（1）居民企业来源于中国境外的应税所得。

（2）非居民企业在中国境内设立机构、场所，取得的发生在中国境外但与该机构、场所有实际联系的应税所得。

已在境外缴纳的所得税税额，是指企业来源于中国境外的所得依照中国境外税收法律以及相关规定应当缴纳并已经实际缴纳的企业所得税性质的税款。

企业可以选择按国别（地区）分别计算［即“分国（地区）不分项”］，或者不按国别（地区）汇总计算［即“不分国（地区）不分项”］其来源于境外的应纳税所得额，按照规定的税率，分别计算其可抵免境外所得税税额和抵免限额。上述方式一经选择，5年内不得改变。

居民企业从其直接或间接控制的外国企业分得的来源于中国境外的股息、红利等权益性投资收益，外国企业在境外实际缴纳的所得税税额中属于该项所得负担的部分，可以作为该居民企业的可抵免境外所得税税额，在规定的抵免限额内抵免。

**纳税筹划思路**

1. 确定销售收入时，合理利用收入确定时间，推迟纳税义务发生时间。
2. 注意购买商品时是否向银行借款享受现金折扣。
3. 注意业务招待费的支出额度选择，以及扣除项目之间的互相转换。
4. 注意固定资产折旧方法的选择。
5. 可选择通过企业合并弥补亏损的筹划方式。

## 六、企业所得税税收优惠

我国企业所得税的税收优惠包括免税收入、可以减免税的所得、优惠税率、民族自治地方的减免税、加计扣除、应纳税所得额抵扣、加速折旧、减计收入、应纳税额抵免和其他专项优惠政策。

企业同时从事适用不同企业所得税待遇项目的，其优惠项目应当单独计算所得，并合理分摊企业的期间费用；没有单独计算的，不得享受企业所得税优惠。

### （一）减免税所得

1. 从事农、林、牧、渔业项目的所得

（1）免予征收。

1）蔬菜、谷物、薯类、油料、豆类、棉花、麻类、糖料、水果、坚果的种植；

2）农作物新品种的选育；

3）中药材的种植；

4）林木的培育和种植；

5）牲畜、家禽的饲养；

6）林产品的采集；

7）灌溉、农产品的初加工、兽医、农技推广、农机作业和维修等农、林、牧、渔服务业项目；

8）远洋捕捞。

（2）减半征收。

1）花卉、茶以及其他饮料作物和香料作物的种植；

2）海水养殖、内陆养殖。

2. 从事国家重点扶持的公共基础设施项目投资经营的所得

（1）自项目取得第1笔生产经营收入所属纳税年度起，三免三减半。

（2）承包经营、承包建设、内部自建自用项目，不享受三免三减半的企业所得税优惠。

3. 符合条件的技术转让所得

一个纳税年度内，居民企业转让技术所有权所得：不超过500万元的部分，免征企业所得税；超过500万元的部分，减半征收企业所得税。技术转让所得的计算公式为：

技术转让所得＝技术转让收入－技术转让成本－相关税费

### （二）不同类型企业的税收优惠

（1）小型微利企业。自2019年1月1日至2021年12月31日，小型微利企业应纳税额的计算如表4－3所示。

**表4－3　小型微利企业应纳税额的计算**

| | |
|---|---|
| 不超过100万元的部分 | 减按25%计入应纳税所得额<br>按20%的税率缴纳企业所得税 |
| 超过100万元但不超过300万元的部分 | 减按50%计入应纳税所得额<br>按20%的税率缴纳企业所得税 |

该政策适用的小型微利企业是指从事国家非限制和禁止行业，且同时符合年度应纳税所得额不超过300万元、从业人数不超过300人、资产总额不超过5 000万元三个条件的企业。

从业人数，包括与企业建立劳动关系的职工人数和企业接受的劳务派遣用工人数。所称从业人数和资产总额指标，应按企业全年的季度平均值确定。

年度中间开业或者终止经营活动的，以其实际经营期作为一个纳税年度确定上述相关指标。

小型微利企业无论是按查账征收方式还是按核定征收方式缴纳企业所得税，均可享受优惠政策。

（2）对国家需要重点扶持的高新技术企业减按15%的税率征收企业所得税。

（3）自2018年1月1日起，对经认定的技术先进型服务企业（服务贸易类），减按15%的税率征收企业所得税。

（4）依法成立且符合条件的集成电路设计企业和软件企业，在2018年12月31日前，自获利年度起计算优惠期，如表4-4所示。

**表4-4　符合条件的集成电路设计企业和软件企业税收优惠**

| | |
|---|---|
| 第一年至第二年 | 免征企业所得税 |
| 第三年至第五年 | 按照25%的法定税率减半征收企业所得税，并享受至期满为止 |

（5）2019年1月1日至2023年12月31日，对转制为企业的经营性文化事业单位，自转制注册之日起五年内免征企业所得税。2018年12月31日之前已完成转制的企业，自2019年1月1日起可继续享受免征五年企业所得税的优惠政策。经营性文化事业单位是指从事新闻出版、广播影视和文化艺术的事业单位。

### （三）民族自治地方的减免税

（1）民族自治地方的自治机关对本民族自治地方的企业应缴纳的企业所得税中属于地方分享的部分，可以决定减征或者免征。自治州、自治县决定减征或者免征的，须报省、自治区、直辖市人民政府批准。

（2）对民族自治地方内国家限制和禁止行业的企业，不得减征或者免征企业所得税。

### （四）加计扣除优惠

#### 1. 企业研究开发费

研究开发费，是指企业为开发新技术、新产品和新工艺发生的研究开发费用。未形成无形资产，计入当期损益的，在按照规定据实扣除的基础上，按照研究开发费用的50%加计扣除；形成无形资产的，按照无形资产成本的150%摊销。企业研究开发费用税收优惠如表4-5所示。

**表4-5　企业研究开发费用税收优惠**

| | |
|---|---|
| 未形成无形资产的 | 计入当期损益的，在按照规定据实扣除的基础上，按照研究开发费用的50%加计扣除 |
| 形成无形资产的 | 按照无形资产成本的150%摊销 |

2. 不适用税前加计扣除政策的行业

不适用税前加计扣除政策的行业有：(1) 烟草制造业；(2) 住宿和餐饮业；(3) 批发和零售业；(4) 租赁和商务服务业；(5) 房地产业；(6) 娱乐业；(7) 财政部和国家税务总局规定的其他行业。

3. 企业安置残疾人员所支付的工资

企业安置残疾人员的，在按照支付给残疾职工工资据实扣除的基础上，按照支付给残疾职工工资的100%加计扣除。

(五) 应纳税所得额抵扣

(1) 创业投资企业采取股权投资方式直接投资于未上市的中小高新技术企业满2年的，可以按照其投资额的70%在股权持有满2年的当年抵扣该创业投资企业的应纳税所得额；当年不足抵扣的，可以在以后纳税年度结转抵扣。

(2) 公司制创业投资企业采取股权投资方式直接投资于种子期、初创期科技型企业满2年（24个月）的，可以按照投资额的70%在股权持有满2年的当年抵扣该公司制创业投资企业的应纳税所得额；当年不足抵扣的，可以在以后纳税年度结转抵扣。

(3) 有限合伙制创业投资企业采取股权投资方式直接投资于初创科技型企业满2年的，该合伙创投企业的法人合伙人可以按照对初创科技型企业投资额的70%抵扣法人合伙人从合伙创投企业分得的所得；当年不足抵扣的，可以在以后纳税年度结转抵扣。

(4) 有限合伙制创业投资企业采取股权投资方式投资于未上市的中小高新技术企业满2年（24个月）的，其法人合伙人可按照对未上市中小高新技术企业投资额的70%抵扣该法人合伙人从该有限合伙制创业投资企业分得的应纳税所得额，当年不足抵扣的，可以在以后纳税年度结转抵扣。

(六) 加速折旧和设备、器具一次性税前扣除

(1) 企业的固定资产由于技术进步等原因，确需加速折旧的，可以缩短折旧年限或者采取加速折旧的方法。

可以采取缩短折旧年限或者采取加速折旧的方法的固定资产，包括：

1) 由于技术进步，产品更新换代较快的固定资产；

2) 常年处于强震动、高腐蚀状态的固定资产。

(2) 采取缩短折旧年限方法的，最低折旧年限不得低于税法规定折旧年限的60%；采取加速折旧方法的，可以采取双倍余额递减法或者年数总和法。

(3) 自2019年1月1日起，适用固定资产加速折旧优惠相关规定的行业范围，扩大至全部制造业领域。

(七) 减计收入

(1) 企业生产国家非限制和禁止并符合国家和行业相关标准的产品取得的收入，减按90%计入收入总额。其中，原材料占生产产品材料的比例不得低于优惠目录规定的标准。

(2) 自2019年6月1日起至2025年12月31日，社区提供养老、托育、家政等服务的机构，提供社区养老、托育、家政服务取得的收入，在计算应纳税所得额时，减按90%计入收入总额。社区包括城市社区和农村社区。

(八) 应纳税额抵免

(1) 企业购置并实际使用《安全生产专用设备企业所得税优惠目录》等规定的环境保

护、节能节水、安全生产等专用设备的，该专用设备投资额的10%可以从企业当年的应纳税额中抵免；当年不足抵免的，可以在以后5个纳税年度结转抵免。

（2）企业购置上述专用设备在5年内转让、出租的，应当停止享受企业所得税优惠，并补缴已经抵免的企业所得税税款。

（3）购置并实际使用的环境保护、节能节水和安全生产专用设备，包括承租方企业以融资租赁方式租入的、在融资租赁合同中约定租赁期届满时租赁设备所有权转移给承租方企业，且符合规定条件的上述专用设备。

凡融资租赁期届满后租赁设备所有权未转移至承租方企业的，承租方企业应停止享受抵免企业所得税优惠，并补缴已经抵免的企业所得税税款。

#### （九）债券利息减免税

（1）对企业取得的2012年及以后年度发行的地方政府债券利息收入，免征企业所得税。

（2）自2018年11月7日起至2021年11月6日止，对境外机构投资境内债券市场取得的债券利息收入，暂免征收企业所得税。暂免征收企业所得税的范围不包括境外机构在境内设立的机构、场所取得的与该机构、场所有实际联系的债券利息。

（3）对企业投资者持有2019—2023年发行的铁路债券取得的利息收入，减半征收企业所得税。

**纳税筹划思路**

1. 选择投资产业，享受减免税政策。
2. 合理进行研究费用的纳税筹划。
3. 创造条件，利用小型微利企业和高新技术企业的优惠税率。
4. 合理利用软件生产企业的税收优惠政策。

## 七、企业所得税的征收管理

#### （一）纳税地点

（1）除税收法律、行政法规另有规定外，居民企业以企业登记注册地为纳税地点；但登记注册地在境外的，以实际管理机构所在地为纳税地点。企业登记注册地是指企业依照国家有关规定登记注册的住所地。

（2）居民企业在中国境内设立不具有法人资格的营业机构的，应当汇总计算并缴纳企业所得税。企业汇总计算并缴纳企业所得税时，应当统一核算应纳税所得额，具体办法由国务院财政、税务主管部门另行制定。

（3）非居民企业在中国境内设立机构、场所的，应当就其所设机构、场所取得的来源于中国境内的所得，以及发生在中国境外但与其所设机构、场所有实际联系的所得，以机构、场所所在地为纳税地点。非居民企业在中国境内设立两个或者两个以上机构、场所的，经税务机关审核批准，可以选择由其主要机构、场所汇总缴纳企业所得税。非居民企业经批准汇总缴纳企业所得税后，需要增设、合并、迁移、关闭机构、场所或者停止机构、场所业务的，应当事先由负责汇总申报缴纳企业所得税的主要机构、场所向其所在地税务机关报告；要变更汇总缴纳企业所得税的主要机构、场所的，依照上述规定办理。

（4）非居民企业在中国境内未设立机构、场所的，或者虽设立机构、场所但取得的所得与其所设机构、场所没有实际联系的所得，以扣缴义务人所在地为纳税地点。

（5）除国务院另有规定外，企业之间不得合并缴纳企业所得税。

### （二）纳税期限

企业所得税按年计征，分月或者分季预缴，年终汇算清缴，多退少补。

企业所得税的纳税年度，自公历 1 月 1 日起至 12 月 31 日止。企业在一个纳税年度的中间开业，或者由于合并、关闭等原因终止经营活动，使该纳税年度的实际经营期不足 12 个月的，应当以其实际经营期为一个纳税年度。企业清算时，应当以清算期间作为一个纳税年度。

自年度终了之日起 5 个月内，向税务机关报送年度企业所得税纳税申报表，并汇算清缴，结清应缴应退税款。

企业在年度中间终止经营活动的，应当自实际经营终止之日起 60 日内，向税务机关办理当期企业所得税汇算清缴。

### （三）纳税申报

按月或按季预缴企业所得税的，应当自月份或者季度终了之日起 15 日内，向税务机关报送预缴企业所得税纳税申报表，预缴税款。

企业在报送企业所得税纳税申报表时，应当按照规定附送财务会计报告和其他有关资料。

企业应当在办理注销登记前，就其清算所得向税务机关申报并依法缴纳企业所得税。依照我国《企业所得税法》缴纳的企业所得税，以人民币计算。所得以人民币以外的货币计算的，应当折合成人民币计算并缴纳税款。

企业在纳税年度内无论盈利或者亏损，都应当依照我国《企业所得税法》第五十四条规定的期限，向税务机关报送预缴企业所得税纳税申报表、年度企业所得税纳税申报表、财务会计报告和税务机关规定应当报送的其他有关资料。

**纳税筹划思路**

1. 合理选择企业所得税纳税时机或方式，进行纳税筹划。
2. 通过合同合理约定收付款时间来达到避税目的。
3. 合理选择查账征收与核定征收方式。

## 任务二　纳税人身份筹划

### ◆税收法律依据

居民企业应当就其来源于中国境内、境外的所得缴纳企业所得税，企业所得税税率为 25%。非居民企业在中国境内设立机构、场所的，应当就其所设机构、场所取得的来源于中国境内的所得，以及发生在中国境外但与其所设机构、场所有实际联系的所得缴纳企业所得税。与机构、场所有实际联系的所得适用的企业所得税税率为 25%；在中国境内未设立机构、场所的，或者虽设立机构、场所但取得的所得与其所设机构、场所没有实际联系的，应当就其来源于中国境内的所得缴纳企业所得税，适用的企业所得税税率为预提所得税税率10%。

**工作案例4-1** 某外国企业欲在中国开展业务，预计每年的收益是2 000万元，暂不考虑其他扣除项目支出，现有以下三种选择：第一，在中国境内设立实际管理机构；第二，在中国境内不设立实际管理机构，但设立销售机构；第三，在中国境内不设任何机构、场所。对于以上三种不同的选择，该外国企业应如何筹划？

**筹划思路**

如果企业在中国境内设立实际管理机构，则被认定为居民企业，居民企业应当就其来源于中国境内、境外的所得缴纳企业所得税，适用的企业所得税税率为25%；如果企业只在中国境内设立销售机构，则被认定为非居民企业，非居民企业就来源于中国境内的所得，以及发生在中国境外但与其所设机构、场所有实际联系的所得缴纳企业所得税，适用的企业所得税税率为25%；如果企业不在中国境内设置任何机构、场所，则被认定为非居民企业，应当就其来源于中国境内的所得缴纳企业所得税，适用的企业所得税税率为预提所得税税率10%。因此，企业应在纳税义务人、纳税范围以及税率方面进行筹划，从而减轻企业税负。

**筹划过程**

方案一：在中国境内设立实际管理机构，则被认定为居民企业，企业所得税税率为25%，应纳企业所得税额=2 000×25%=500（万元）。

方案二：在中国境内不设立实际管理机构，但设立销售机构，这种情况下适用的税率为25%，应纳企业所得税额=2 000×25%=500（万元）。

方案三：在中国境内不设任何机构、场所，那么，源于中国境内的所得适用的企业所得税税率为预提所得税税率10%，应纳企业所得税额=2 000×10%=200（万元）。

**筹划结论**

方案三与方案一和方案二相比，少缴纳300万元的企业所得税，因此，该外国企业应该选择方案三，即在中国境内既不设立实际管理机构，也不设立经营场所的经营方式。

**筹划点评**

国外企业来中国开展业务，如何选择经营方式，是否在中国境内设置机构，不能只关注企业所得税税负一个问题，还应考虑诸多因素，如企业形象、运营成本、运输成本等，要综合考虑、权衡利弊。

## 任务三　企业组织形式的纳税筹划

◆税收法律依据

根据我国《企业所得税法》的规定，在中华人民共和国境内，企业和其他取得收入的组织（以下统称企业）为企业所得税的纳税人。企业分为居民企业和非居民企业。依照我国法律、行政法规成立的个人独资企业、合伙企业不适用《企业所得税法》，适用《个人所得税法》，适用税率为五级超额累进税率。

**工作案例4-2** 2021年，王先生欲成立一家自办企业，年应纳税所得额预计为400 000元。现在王先生有两种方案可以选择：方案一，成立个人独资企业；方案二，成立公司制企业。假定没有其他纳税调整项目，该企业也不符合小型微利企业有关条件，请问应如何进行纳税筹划？

**筹划思路**

个人独资企业为个人所得税纳税义务人，适用税率为个人所得税五级超额累进税率，即5%～35%；公司制企业为企业所得税纳税义务人，适用基本税率25%，企业需根据年应纳税所得额情况，选择成立哪种性质的企业，从而达到税后收益最大的目的。

**筹划过程**

方案一：成立个人独资企业，应就其所得缴纳个人所得税。

应纳个人所得税＝400 000×30%－40 500＝79 500（元）

王先生的税后收益＝400 000－79 500＝320 500（元）

方案二：成立公司制企业，应就其所得缴纳企业所得税，适用税率为25%。

应纳企业所得税＝400 000×25%＝100 000（元）

假设企业实现的税后利润全部作为股利分配给投资者，则：

王先生应缴纳的个人所得税＝(400 000－100 000)×20%＝60 000（元）

王先生的税后收益＝400 000－100 000－60 000＝240 000（元）

**筹划结论**

方案一与方案二相比，其税后收益多80 500元，因此，建议王先生选择方案一，即成立个人独资企业。

**筹划点评**

由此可见，投资于公司制企业比投资于个人独资企业或合伙企业多承担所得税，税后收益减少。在选择公司组织形式时，应在综合权衡企业的经营风险、经营规模、管理模式及筹资额等因素的基础上，选择税费较小的组织形式。

## 任务四　子公司和分公司的纳税筹划

### ◆税收法律依据

根据我国《企业所得税法》的规定，一般企业发生纳税年度亏损的，可以用下一纳税年度的所得弥补；下一纳税年度的所得不足弥补的，可以逐年延续弥补，但是延续弥补期最长不得超过5年。

**工作案例4-3** 甲公司为了扩大规模，准备增设分支机构乙公司，甲公司和乙公司均适用25%的所得税税率。假设分支机构设立后8年内应纳税所得额分别为：200万元、300万元、400万元、500万元、600万元、600万元、600万元、600万元；乙公司8年应纳税所得额分别为：－200万元、－100万元、0万元、20万元、30万元、40万元、80万元、100万元。甲公司是设立分公司还是子公司？

### 筹划思路

子公司与分公司的最大区别在于，子公司是一个独立企业，具有独立的法人资格；分公司是受总公司管辖的分支机构，不具有独立的法人资格。在缴纳企业所得税方面，具有法人资格的企业或组织为企业所得税的纳税人，而非独立核算的分支机构则应汇总到公司总部缴纳企业所得税。由此可见，如果设置子公司，应当单独计算乙公司的企业所得税应纳税额；如果设置分公司，应当将乙公司的企业所得税应纳税额汇总到甲公司合并计算并缴纳。子公司和分公司计算缴纳企业所得税的方法存在差异，这为纳税人提供了企业所得税筹划的空间。

### 筹划过程

方案一：成立子公司，应单独计算甲、乙公司的企业所得税，如表 4-6 所示。

**表 4-6　甲公司与乙公司的企业所得税（成立子公司）**　　单位：万元

| | | 第 1 年 | 第 2 年 | 第 3 年 | 第 4 年 | 第 5 年 | 第 6 年 | 第 7 年 | 第 8 年 | 合计 |
|---|---|---|---|---|---|---|---|---|---|---|
| 甲公司 | 应纳税所得额 | 200 | 300 | 400 | 500 | 600 | 600 | 600 | 600 | 3 800 |
| | 应纳企业所得税 | 50 | 75 | 100 | 125 | 150 | 150 | 150 | 150 | 950 |
| 乙公司 | 应纳税所得额 | −200 | −100 | 0 | 20 | 30 | 40 | 80 | 100 | −30 |
| | 应纳企业所得税 | 0 | 0 | 0 | 0 | 0 | 0 | 0 | 25 | 25 |
| 合计 | | 50 | 75 | 100 | 125 | 150 | 150 | 150 | 175 | 975 |

方案二：成立分公司，应汇总计算企业所得税，如表 4-7 所示。

**表 4-7　甲公司与乙公司的企业所得税（成立分公司）**　　单位：万元

| | | 第 1 年 | 第 2 年 | 第 3 年 | 第 4 年 | 第 5 年 | 第 6 年 | 第 7 年 | 第 8 年 | 合计 |
|---|---|---|---|---|---|---|---|---|---|---|
| 甲公司 | 应纳税所得额 | 200 | 300 | 400 | 500 | 600 | 600 | 600 | 600 | 3 800 |
| 乙公司 | 应纳税所得额 | −200 | −100 | 0 | 20 | 30 | 40 | 80 | 100 | −30 |
| 汇总纳税 | 应纳税所得额 | 0 | 200 | 400 | 520 | 630 | 640 | 680 | 700 | 3 770 |
| | 应纳企业所得税 | 0 | 50 | 100 | 130 | 157.5 | 160 | 170 | 175 | 942.5 |

### 筹划结论

方案二与方案一相比，少缴纳企业所得税 32.5（975−942.5）万元，因此，应选择方案二，即设立分公司，汇总纳税。

**筹划点评**

综上可见，若选择乙公司为子公司的方式，共有130万元的亏损没有弥补；若选择乙公司为分公司的方式，第1年亏损200万元和第2年亏损100万元由甲公司第1年和第2年应纳税所得额全部弥补。因此，当企业扩大规模欲设下属机构时，要考虑到子公司与分公司的区别，在不影响企业总体规划的情况下，使亏损最大限度得到弥补，获得更多税后收益。

## 任务五 选择低税率进行纳税筹划

◆税收法律依据

国家需要重点扶持的高新技术企业减按15%的税率征收企业所得税。国家需要重点扶持的高新技术企业，是指符合下列六个条件的企业：

(1) 拥有核心自主知识产权，是指在中国境内（不含港、澳、台地区）注册的企业，近3年内通过自主研发、受让、受赠、并购等方式，或通过5年以上的独占许可方式，对其主要产品（服务）的核心技术拥有自主知识产权。

(2) 产品（服务）属于《国家重点支持的高新技术领域》规定的范围。

(3) 研究开发费用占销售收入的比例不低于规定比例。这是指企业为获得科学技术（不包括人文、社会科学）新知识，创造性运用科学技术新知识，或实质性改进技术、产品（服务）而持续进行了研究开发活动，且近3个会计年度的研究开发费用总额占销售收入总额的比例符合如下要求：

1) 最近一年销售收入小于5 000万元的企业，比例不低于6%。

2) 最近一年销售收入在5 000万元至20 000万元的企业，比例不低于4%。

3) 最近一年销售收入在20 000万元以上的企业，比例不低于3%。其中，企业在中国境内发生的研究开发费用总额占全部研究开发费用总额的比例不低于60%。企业注册成立时间不足3年的，按实际经营年限计算。

(4) 高新技术产品、（服务）收入占企业总收入的比例不低于规定比例。这是指高新技术产品（服务）收入占企业当年总收入的60%以上。

(5) 科技人员占企业职工总数的比例不低于规定比例。这是指具有大学专科以上学历的科技人员占企业当年职工总数的30%以上，其中研发人员占企业当年职工总数的10%以上。

(6)《高新技术企业认定管理办法》规定的其他条件。《国家重点支持的高新技术领域》和《高新技术企业认定管理办法》由国务院科技、财政、税务主管部门商国务院有关部门制定，报国务院批准后公布施行。

**工作案例4-4** 某企业集团下属甲、乙两个企业。其中，甲企业适用25%的企业所得税税率。乙企业属于需要国家扶持的高新技术企业，适用15%的税率。2019年度，甲企业的应纳税所得额为8 000万元，乙企业的应纳税所得额为9 000万元。请计算甲、乙两个企业以及该企业集团在2019年应当分别缴纳的企业所得税税额，并提出纳税筹划方案。

**筹划思路**

由于甲企业的企业所得税税率高于乙企业，因此可以考虑通过业务调整、转移支付等方式将甲企业的部分收入转移到乙企业。

**筹划过程**

筹划前：

甲企业2019年应纳企业所得税=8 000×25%=2 000（万元）

乙企业2019年应纳企业所得税=9 000×15%=1 350（万元）

该企业集团2019年应纳企业所得税合计=2 000+1 350=3 350（万元）

筹划后：假设该企业集团通过纳税筹划，将甲企业的应纳税所得额降低为7 000万元，乙企业的应纳税所得额相应增加1 000万元，则：

甲企业2019年应纳企业所得税=7 000×25%=1 750（万元）

乙企业2019年应纳企业所得税=(9 000+1 000)×15%=1 500（万元）

该企业集团2019年应纳企业所得税合计=1 750+1 500=3 250（万元）

**筹划结论**

由此可见，通过纳税筹划，该企业集团可以少缴纳企业所得税100（3 350－3 250）万元。

**筹划点评**

对于既适用法定税率也适用低税率的企业集团而言，可以适当将适用法定税率的企业的收入转移到适用低税率的企业中，从而适当降低企业集团的所得税负担。如果企业集团中没有适用较低税率的企业，企业可以专门设立高新技术企业或者小型微利企业。企业之间利润转移主要有关联交易和业务转移两种方法。通过关联交易转移利润应当注意幅度的把握，明显的利润转移会受到税务机关的关注和反避税调查。业务转移是将公司的某项业务直接交给另一公司负责，通过这种方式转移利润，目前尚不受税法规制，税务风险比较小。

## 任务六　是否享受现金折扣的纳税筹划

### ◆税收法律依据

利息支出在企业所得税税前扣除的标准为：

（1）非金融企业向金融企业借款的利息支出、金融企业的各项存款利息支出和同业拆借利息支出、企业经批准发行债券的利息支出，准予据实扣除。

（2）非金融企业向非金融企业借款的利息支出，不超过按照金融企业同期同类贷款利率计算的数额的部分可据实扣除，超过部分不许扣除。

**工作案例 4-5** 甲公司为一家商业企业，2021 年 6 月从乙公司赊购一批商品，取得增值税专用发票，发票上注明价款 100 000 元，增值税 13 000 元。乙公司为提前收回货款，向甲公司提出现金折扣优惠条件“2/30，n/60”。甲公司面临两个选择：方案一，若要享受现金折扣，需要自购买之日起第 30 天付款，但由于资金紧张，只能采用向银行短期借款的方式筹资，借款期限为 30 天，年利率为 6%；方案二，若不享受现金折扣，可以自购买之日起第 60 天以自有资金付款，无须借款。已知，甲公司与此采购业务相关的收入为 120 000 元，增值税税率为 13%，不考虑城市维护建设税和教育费附加，现金折扣不包括增值税。请为甲公司进行纳税筹划。

**筹划思路**

甲公司若享受现金折扣，则可以获取价格上的优惠，但需要通过借款来提前付款，若不享受现金折扣，则不能获取价格上的优惠，但不需要负担资金成本。采购方应当综合比较两种方式的税后利润，最终选择合适的方案。

**筹划过程**

方案一：不享受现金折扣。

税后利润＝(120 000－100 000)×(1－25%)＝15 000（元）

方案二：享受现金折扣。

税后利润＝[120 000－(100 000－100 000×2%)－(100 000－100 000×2%＋13 000)×6%÷12]×(1－25%)＝16 083.75（元）

**筹划结论**

方案二与方案一相比，多获取税后利润 1 083.75（16 083.75－15 000）元，因此应当选择方案二，即享受现金折扣。

**筹划点评**

是否享受现金折扣，关键问题就是现金折扣的折扣率与借款利率的比较。本案例中，由于现金折扣的折扣率（30 天内付款的折扣率为 2%）大于借款利率（折算月利率：6%÷12＝0.5%），因此，甲企业应当尽量选择享受现金折扣的方式。

## 任务七　企业捐赠的纳税筹划

◆税收法律依据

企业通过公益性社会组织或者县级以上人民政府及其部门，用于符合法律规定的慈善活动、公益事业的捐赠，当年发生以及以前年度结转的公益性捐赠支出，不超过年度利润总额 12%的部分，准予扣除；超标准的公益性捐赠，以及非公益性捐赠不得在税前扣除。

**工作案例 4-6** 2021 年，甲公司预计实现会计利润 2 000 万元，适用的企业所得税税率为 25%，为了树立良好的企业形象，甲公司决定向希望小学捐赠 100 万元。请为甲公司进行纳税筹划。

### 筹划思路

企业只有符合条件的捐赠才属于公益性捐赠支出，才可以在不超过年度利润总额12%的部分准予扣除；超标准的公益性捐赠，不得在税前扣除；不属于公益性捐赠的捐赠支出，不允许在税前扣除。因此，企业在捐赠时应该考虑充分利用扣除限额，以免增加企业负担。

### 筹划过程

方案一：直接捐赠给某希望小学100万元。

甲公司直接向希望小学捐赠，不属于公益性捐赠，不得在企业所得税前扣除。也就是说，公司捐赠的100万元，在计算应纳税所得额时需调增100万元。

方案二：通过社会组织或者县级以上人民政府及其部门捐赠100万元。

甲公司通过社会组织或者县级以上人民政府及其部门捐赠，属于公益性捐赠，不超过年度利润总额12%的部分可以扣除，即扣除标准是：2 000×12%=240（万元），因此，捐赠的100万元可以全部在税前扣除，无须调整。

### 筹划结论

由此可见，方案二与方案一相比，应纳税所得额少调增100万元，企业所得税就少缴纳25（100×25%）万元，因此，甲公司应选择方案二，即通过社会组织或者县级以上人民政府及其部门向希望小学捐赠100万元。

### 筹划点评

企业在捐赠的时候应尽量避免直接捐赠，以免增加企业所得税的税负，另外，如捐赠数额可控，也应尽量不超过年度利润总额的12%，充分利用扣除限额。

## 任务八 利息支出的纳税筹划

◆税收法律依据

利息支出在企业所得税税前扣除的标准在本项目任务六中已介绍，此处不再赘述。鉴于目前我国对金融企业利率要求的具体情况，企业在按照合同要求首次支付利息并进行税前扣除时，应提供"金融企业的同期同类贷款利率情况说明"，以证明其利息支出的合理性。"金融企业的同期同类贷款利率情况说明"中，应包括在签订该借款合同当时，本省任何一家金融企业提供同期同类贷款利率情况。该金融企业应为经政府有关部门批准成立的可以从事贷款业务的企业，包括银行、财务公司、信托公司等金融机构。"同期同类贷款利率"是指在贷款期限、贷款金额、贷款担保以及企业信誉等条件基本相同的情况下，金融企业提供贷款的利率。既可以是金融企业公布的同期同类平均利率，也可以是金融企业对某些企业提供的实际贷款利率。需要纳税人注意的是，金融机构同类同期贷款利率不仅限于中国人民银行规定的基准利率，还包括浮动利率。

企业向股东或其他与企业有关联关系的自然人借款的利息支出，应根据我国《企业所得税法》第四十六条及《财政部 国家税务总局关于企业关联方利息支出税前扣除标准有关税收政策问题的通知》（财税〔2008〕121号）规定的条件计算企业所得税扣除额。

企业向上述规定以外的内部职工或其他人员借款的利息支出，其借款情况同时符合以下条件的，其利息支出在不超过按照金融企业同期同类贷款利率计算的数额的部分，根据我国《企业所得税法》第八条和《企业所得税法实施条例》第二十七条的规定，准予扣除：

（1）企业与个人之间的借贷是真实、合法、有效的，并且不具有非法集资目的或其他违反法律、法规的行为。

（2）企业与个人之间签订了借款合同。

**工作案例 4-7** 某企业职工人数为 1 200 人，人均工资为 4 000 元。该企业 2019 年度向职工集资，人均 10 000 元，年利率为 10%，假设同期同类银行贷款利率为年利率 6%。金融机构同期同类贷款利率计算以内的部分，准予税前扣除，超过部分不能扣除，应当进行纳税调增。

纳税调增：1 200×10 000×(10%－6%)＝480 000（元）。该企业为此多缴纳企业所得税：480 000×25%＝120 000（元），同时应当代扣代缴个人所得税：1 200×10 000×10%×20%＝240 000（元）。请为该企业设计纳税筹划方案。

**筹划思路**

企业通过向职工借款的方式筹资，若借款利率超过银行同期同类贷款利率，则可将超过银行贷款利率部分的利息以工资、薪金的方式支付给职工，从而将贷款利息支出在所得税前全部扣除。

**筹划过程**

方案一：将集资利率定为 10%。

税前不允许抵扣的利息支出＝1 200×10 000×(10%－6%)＝480 000（元）

该企业为此多缴纳企业所得税＝480 000×25%＝120 000（元）

方案二：将集资利率降至 6%，适当提高员工的工资。

利息支出＝1 200×10 000×6%＝720 000（元）

该利息支出可在税前全部扣除。

每位员工的利息损失＝10 000×(10%－6%)＝400（元），将其分摊到每月工资中，即每月工资增加 33 元。

**筹划结论**

方案二与方案一相比，少缴纳企业所得税 120 000 元，因此，该企业应选择方案二，即将集资利率降至 6%，将员工月工资增加 33 元。

**筹划点评**

当企业支付的利息超过允许扣除的数额时，企业可以将超额的利息转变为其他可以扣除的支出，例如，通过工资、奖金、劳务报酬或者转移利润的方式支付利息，从而降低企业所得税负担。在向自己单位员工借贷资金的情况下，企业可以将部分利息转换为向员工发放的工资支出，从而达到在计算应纳税所得额时予以全部扣除的目的。

# 任务九　业务招待费的纳税筹划

◆税收法律依据

（1）企业发生的与生产经营活动有关的业务招待费支出，按照发生额的60%扣除，但最高不得超过当年销售（营业）收入的5‰。

（2）企业发生的符合条件的广告费和业务宣传费支出，除国务院财政、税务主管部门另有规定外，不超过当年销售（营业）收入15%的部分，准予扣除；超过部分，准予在以后纳税年度结转扣除。

## 一、业务招待费转化为业务宣传费

**工作案例4－8**　甲公司外购50万元的礼品赠送给客户，会计按规定将其列为业务招待费，已知当年销售收入总额为2 000万元，广告费和业务宣传费合计200万元。请问甲公司当年的业务招待费在企业所得税前应如何调整？如何进行纳税筹划？

**筹划思路**

企业发生的与生产经营活动有关的业务招待费支出，按照发生额的60%扣除，但最高不得超过当年销售收入的5‰，且超支部分不得向以后年度结转。因此，将业务招待费转化为业务宣传费是进行纳税筹划的一个思路。例如，企业外购用于赠送的礼品应作为业务招待费处理，但是如果在礼品上印有企业的标记，这样就可以起到宣传企业形象、产品的作用，则可作为业务宣传费处理，如果在扣除限额以内，就可不进行税前调增处理，即便超出限额，也可以在以后纳税年度结转扣除。

**筹划过程**

方案一：按业务招待费处理。

业务招待费扣除标准一：业务招待费的60%，即50×60%＝30（万元）；

业务招待费扣除标准二：销售（营业）收入的5‰，即2 000×5‰＝10（万元）。

根据孰低原则，应按照10万元在税前扣除，应纳税所得额需调增40万元。

方案二：若甲公司将礼品印上公司标记，其对公司形象、产品有宣传作用，则可作为业务宣传费处理，该公司的广告费和业务宣传费合计是250万元。

广告费和业务宣传费扣除标准＝2 000×15%＝300（万元），甲公司的广告费和业务宣传费为250万元，均可在税前扣除，无须调整。

**筹划结论**

方案二与方案一相比，税前可多扣除40（50－10）万元，因此，应选择方案二。可见，将业务招待费与业务宣传费之间转换，在一定情况下可以达到节税的目的。

**筹划点评**

企业发生的业务招待费支出，首先应尽量选择本身发生额的60%作为扣除标准；其次尽可能利用业务招待费与业务宣传费的内容有相互替代的性质，进行项目之间的转换，因为广告费和业务宣传费支出不超过当年销售收入15%的部分可据实扣除，超过该比例的部分可结转到以后年度扣除。

## 二、业务招待费支出最佳点

**工作案例 4-9** 2021 年，甲公司预计取得销售收入 1 亿元，请问业务招待费支出的最佳点是多少？

### 筹划思路

假设企业年销售收入为 $X$，年业务招待费为 $Y$，当 $Y\times 60\% = X\times 5‰$ 时，$Y=X\times 0.833\%$。

具体来说，有三种情况：一是只有当业务招待费正好是销售收入的 0.833%时，企业才能充分利用税法政策；二是当业务招待费大于销售收入的 0.833%时，扣除标准选择销售收入的 5‰，企业要承受更高的税负；三是当业务招待费小于销售收入的 0.833%时，扣除标准选择本身发生额的 60%，与第二种情况相比，企业不会增加更多的税负，但与第一种情况相比，企业不能充分利用税法政策。因此，第一种和第三种情况是可取的，第二种情况应尽量避免。

### 筹划过程

方案一：业务招待费支出为 50 万元。

业务招待费扣除标准一：业务招待费的 60%，即 30（50×60%）万元；

业务招待费扣除标准二：销售（营业）收入的 5‰，即 50（10 000×5‰）万元。

根据孰低原则，按照 30 万元在税前扣除，公司充分利用业务招待费限额。纳税调整增加额为 20（50－30）万元，公司多缴纳的企业所得税为 5（20×25%）万元，业务招待费 50 万元要付出的代价为 55（50＋5）万元。

方案二：业务招待费支出为 83.3（10 000×0.833%）万元。

业务招待费扣除标准一：业务招待费的 60%，即约 50（83.3×60%）万元；

业务招待费扣除标准二：销售（营业）收入的 5‰，即 50（10 000×5‰）万元。

根据孰低原则，按照 50 万元进行税前扣除，公司充分利用业务招待费限额。纳税调整增加额为 33.3（83.3－50）万元，公司多缴纳的企业所得税为 8.33（33.3×25%）万元，业务招待费 83.3 万元要付出的代价为 91.63（83.3＋8.33）万元。

方案三：业务招待费支出为 100 万元。

业务招待费扣除标准一：业务招待费的 60%，即 60（100×60%）万元；

业务招待费扣除标准二：销售（营业）收入的 5‰，即 50（10 000×5‰）万元。

根据孰低原则，只能按照 50 万元进行税前扣除，公司没有充分利用业务招待费限额。纳税调整增加额为 50（100－50）万元，公司多缴纳的企业所得税为 12.5（50×25%）万元，业务招待费 100 万元要付出的代价为 112.5（100＋12.5）万元。

### 筹划结论

如果将业务招待费均换算成 100 万元，则方案一的代价是 110 万元，方案二的代价是 110 万元，方案三的代价是 112.5 万元。

方案三比方案一和方案二付出的代价都大，因此，当销售收入为 1 亿元时，业务招待费的最佳点为 83.3 万元，其次是小于 83.3 万元，如果高于 83.3 万元，则要付出超额的代价，因此，应首选方案二，其次是方案一。

**筹划点评**

合理利用税前扣除临界点，把握最佳尺度，在企业增加业绩和减轻税负之间进行权衡，找到适合的企业经营管理方式，从而达到增收减支、获取最大利润的目的。

## 任务十　招聘员工及工资的纳税筹划

◆税收法律依据

根据《中华人民共和国企业所得税法实施条例》第九十六条的规定，企业安置残疾人员所支付的工资的加计扣除，是指企业安置残疾人员的，在按照支付给残疾职工工资据实扣除的基础上，按照支付给残疾职工工资的100%加计扣除。

按照相关规定，企业发生的职工福利费支出，不超过工资、薪金总额14%的部分，准予扣除。企业职工福利费是企业为职工提供的除职工工资、奖金、津贴、纳入工资总额管理的补贴、职工教育经费、社会保险费和补充养老保险费（年金）、补充医疗保险费及住房公积金以外的福利待遇支出，包括发放给职工或为职工支付的各项现金补贴和非货币性集体福利。

### 一、招聘残疾人员、退役士兵和失业下岗人员的纳税筹划

**工作案例4-10**　甲企业欲扩大经营规模，2021年准备招聘员工50人，预计工资200万元，已知除工资扣除前的应纳税所得额为500万元。请为甲企业提出招聘员工的合理化建议。

**筹划思路**

根据《企业所得税法》的规定，企业安置残疾人员的，在按照支付给残疾职工工资据实扣除的基础上，按照支付给残疾职工工资的100%加计扣除。因此，在不影响生产经营的前提下，适当招聘残疾人，可享受上述税收优惠政策，降低企业所得税税负。

**筹划过程**

方案一：招聘50名身体健全人员作为新员工。

应纳企业所得税＝(500－200)×25%＝75（万元）

方案二：招聘50名残疾人员作为新员工。

应纳企业所得税＝(500－200－200)×25%＝25（万元）

**筹划结论**

方案二与方案一相比，少缴纳企业所得税50（75－25）万元，因此，甲企业应选择方案二，即在不影响正常生产经营的前提下，招聘50名残疾人员作为新员工。

**筹划点评**

企业在不影响正常生产经营的前提下，招聘一些残疾人员，一方面可以帮助国家解决残疾人就业问题，关爱弱势群体；另一方面，可以减轻企业所得税税负，一举两得。

## 二、企业发放工资的筹划

**工作案例 4-11** 甲公司计划每年向职工发放 12 万元工资，现有两种发放方案：第一种，全部作为职工的工资发放；第二种，将 10 万元作为职工工资，2 万元用于职工福利费支出。请为甲公司提出选择建议。

**筹划思路**

根据《企业所得税法》的规定，企业发生的合理的工资、薪金支出，准予据实扣除；企业发生的职工福利费支出，不超过工资、薪金总额 14%的部分，准予扣除。该案例中，可比较 2 万元的职工福利费是否超过扣除标准。

**筹划过程**

方案一：全部作为职工的工资发放，税前扣除额为 12 万元。

方案二：将 10 万元作为职工工资，2 万元用于职工福利费支出。

税前扣除额＝10＋10×14%＝11.4（万元）

**筹划结论**

方案一与方案二相比，税前可多扣除 0.6 万元，因此，甲公司应选择方案一，即将 12 万元全部作为职工的工资发放。

**筹划点评**

企业应根据职工福利费总额的实际发生情况，对超出扣除标准的部分进行转化，例如，可将超出的职工福利费转化为职工工资，这样就可以减少企业所得税的应纳税额，减轻企业负担。

# 任务十一　技术研发过程中的纳税筹划

◆税收法律依据

根据相关规定，一个纳税年度内，居民企业转让技术所有权所得：不超过 500 万元的部分，免征企业所得税；超过 500 万元的部分，减半征收企业所得税。取得技术转让收入的企业应充分利用此政策，达到减轻税负的效果。

**工作案例 4-12** 2020 年底，甲公司转让一项技术，共收取 2 000 万元的转让收入，相关转让成本、费用为 1 000 万元。请对此项技术转让进行纳税筹划。

**筹划思路**

当企业当年的技术转让所得超过 500 万元时，可采用递延技术转让所得的方式享受税收优惠。如可采取分期收款方式，将超出 500 万元的部分所得分摊到下一年度，从而充分利用免征企业所得税的优惠。

**筹划过程**

方案一：2020 年签订 2 000 万元的技术转让合同。

2020 年应纳税所得额＝2000－1 000－500＝500（万元）

2020 年应纳企业所得税额＝500×25％×0.5＝62.5（万元）

方案二：签订技术转让合同时，采用分期收款的方式，即 2020 年 12 月收取 1 000 万元，2021 年 1 月收取 1 000 万元，技术转让成本在两个纳税年度均分，各 500 万元。

2020 年应纳税所得额＝1 000－500－500＝0

2020 年应纳企业所得税额＝0

2021 年应纳税所得额＝1 000－500－500＝0

2021 年应纳企业所得税额＝0

**筹划结论**

方案二与方案一相比，少缴纳企业所得税 62.5 万元，因此，甲公司应选择方案二，即签订分期收款的技术转让合同。

**筹划点评**

通过签订分期收款的技术转让合同，企业在其他条件不变的情况下，充分利用企业所得税的税收优惠政策，取得了最大的节税收益。

# 任务十二　弥补亏损的纳税筹划

◆税收法律依据

纳税人发生年度亏损的，可以用下一纳税年度的所得弥补；下一纳税年度的所得不足弥补的，可以逐年延续弥补，但是延续弥补期最长不得超过 5 年。

**工作案例 4－13**　2014 年至 2020 年，甲公司的应纳税所得额分别为－300 万元、－20 万元、30 万元、40 万元、80 万元、110 万元、120 万元。请对甲公司弥补亏损进行纳税筹划。

**筹划思路**

企业弥补亏损需要注意三点：第一，弥补亏损年限必须自亏损年度的下一年起不间断地连续计算，5 年内不论是盈利还是亏损，都作为实际弥补期限计算；第二，连续发生亏损的，从第一个亏损年度起计算，先亏先补，按顺序连续计算亏损弥补期，而不能将每个亏损年度的连续弥补期相加，更不得断开计算；第三，若超过 5 年弥补期仍未弥补完，则不能再用以后年度的应纳税所得额弥补。因此筹划时，应在临近弥补亏损的年份合理安排收入和费用支出，尽量将以前年度的亏损在以后 5 年充分弥补。

**筹划过程**

应纳税所得额如表 4－8 所示。

**表 4－8　应纳税所得额（筹划前）**　　单位：万元

| | 2014 年 | 2015 年 | 2016 年 | 2017 年 | 2018 年 | 2019 年 | 2020 年 |
|---|---|---|---|---|---|---|---|
| 应纳税所得额 | －300 | －20 | 30 | 40 | 80 | 110 | 120 |

方案一：按照表 4－8 列示的年份弥补。

用 2015 年到 2019 年连续 5 年的所得额弥补 2014 年的亏损 260（30＋40＋80＋110）万元，2020 年不能弥补 2014 年剩余的亏损 40（300－260）万元。2020 年可以弥补 2015 年亏损的 20 万元。

2020 年弥补亏损后缴纳企业所得税＝(120－20)×25%＝25（万元）

方案二：通过合理的方式，将 2020 年中 40 万元收入提前到 2019 年确认，即应纳税所得额如表 4－9 所示。

**表 4－9　应纳税所得额（筹划后）**　　单位：万元

| | 2014 年 | 2015 年 | 2016 年 | 2017 年 | 2018 年 | 2019 年 | 2020 年 |
|---|---|---|---|---|---|---|---|
| 应纳税所得额 | －300 | －20 | 30 | 40 | 80 | 150 | 80 |

用 2015 年到 2019 年连续 5 年的所得额弥补 2014 年的亏损 300（30＋40＋80＋150）万元，2020 年弥补 2015 年亏损的 20 万元。

2020 年弥补亏损后缴纳企业所得税＝(80－20)×25%＝15（万元）

**筹划结论**

方案二与方案一相比，2020 年少缴纳企业所得税 10（25－15）万元，因此，甲公司应选择方案二。

**筹划点评**

企业可以通过合理的方式，提前确认收入或者延期发生支出，充分利用税法中弥补亏损政策，将以前年度的亏损在以后 5 年全部弥补，从而降低企业所得税税负。

# 任务十三　利用固定资产折旧方法多样性的纳税筹划

◆税收法律依据

固定资产的折旧方法有直线折旧法和加速折旧法。不同的折旧方法计算出来的各期折旧额不一致，从而影响企业的应纳税所得额。加速折旧使企业前期的折旧费用大，应纳所得税减少，能充分享受货币时间价值所带来的税收利益。折旧方法选择的筹划应立足于使折旧费用的抵税效应得到最充分发挥。企业应在税法允许的范围内选择不同的折旧方法，使企业的所得税税负降低。

对盈利企业，由于折旧费用都能从当年的所得额中税前扣除，即折旧费用的抵税效应能够完全发挥，因此在选择折旧方法时，应着眼于使折旧费用的抵税效应尽可能早地发挥。

在享受所得税优惠政策的企业中，由于减免税期限内折旧费用的抵税效应会全部或部分地被减免优惠所抵消，因此应选择减免税期折旧少、非减免税期折旧多的折旧方法。企业在盈利前期享受免税、减税待遇时，固定资产折旧速度越快，企业所得税税负越重。企业在享受减免税期内，应尽可能缩小费用、增加利润，把费用尽可能安排在正常纳税年度摊销，以减少正常纳税年度的应税所得，降低所得税负担。

企业还可以利用折旧年限进行纳税筹划。缩短折旧年限，有利于加速成本回收，可以使后期成本费用前移，从而使前期会计利润后移。在税率稳定或降低的情况下，所得税的递延缴纳，相当于企业从国家获得了一笔无息贷款。

盈利企业应选择最低的折旧年限，有利于加速固定资产投资的回收，使计入成本的折旧费用前移、应纳税所得额尽可能地后移，这相当于获得了一笔无息贷款，从而相对降低纳税人的所得税税负。

享受所得税税收优惠政策的企业应选择较长的折旧年限，有利于企业充分享受税收优惠政策，把税收优惠政策对折旧费用抵税效应的抵消作用降到最低，从而达到降低企业所得税税负的目的。

亏损企业选择折旧方法和折旧年限时，应与企业的亏损弥补情况相结合，保证折旧费用的抵税效应得到最大限度的发挥。

**工作案例 4-14** 某机械制造厂新购进一台大型机器设备，原值为 40 万元，预计残值率为 3%。经税务机关核定，该设备的折旧年限为 5 年，比较各种不同折旧方法的异同并提出纳税筹划方案。

**筹划思路**

企业固定资产的折旧可以递减企业的所得税，那么对于企业来说，固定资产的原值一定，折旧年数越短，年折旧额越大，从而使得在折旧期内利润越少，应纳税所得额就越少。

**筹划过程**

（1）采用直线法。

年折旧率=(1−3%)÷5=19.4%

每年折旧额=400 000×19.4%=77 600（元）

（2）采用缩短折旧年限法。该设备的最短折旧年限为正常折旧年限的 60%，即 3 年。

年折旧率=(1−3%)÷3=32.33%

每年折旧额=400 000×32.33%=129 333（元）

（3）采用双倍余额递减法。

年折旧率=(2÷5)×100%=40%

采用双倍余额递减法，每年提取的折旧额如表 4-10 所示。

表 4-10 双倍余额递减法下每年提取折旧额 单位：元

| 年份 | 折旧率 | 年折旧额 | 计税基础 |
| --- | --- | --- | --- |
| 第一年 | 40% | 160 000 | 240 000 |
| 第二年 | 40% | 96 000 | 144 000 |
| 第三年 | 40% | 57 600 | 86 400 |
| 第四年 | 40% | 37 200 | 49 200 |
| 第五年 | 40% | 37 200 | 12 000 |

（4）采用年数总和法。每年提取折旧额如表 4 - 11 所示。

**表 4 - 11　年数总和法下每年提取折旧额**　　　　单位：元

| 年份 | 折旧率 | 年折旧额 | 计税基础 |
|---|---|---|---|
| 第一年 | 5/15 | 129 333 | 270 667 |
| 第二年 | 4/15 | 103 467 | 167 200 |
| 第三年 | 3/15 | 77 600 | 89 600 |
| 第四年 | 2/15 | 51 733 | 37 867 |
| 第五年 | 1/15 | 25 867 | 12 000 |

假设在提取折旧之前，该厂每年的税前利润均为 1 077 600 元，适用的企业所得税税率为 25%，那么采用不同方法计算出的折旧额和企业所得税额如表 4 - 12 所示。

### 筹划结论

由以上计算结果可以看出，无论采用哪种折旧计算方法，对于某一特定固定资产而言，企业所提取的折旧总额是相同的，但每年所提取的折旧额不同，由此导致每年所抵扣的所得税额也不同。具体到本案例，第一年，采用直线法、缩短折旧年限法、双倍余额递减法和年数总和法，该厂应当缴纳的所得税金额分别为 250 000 元、237 066.275 元、229 400 元、237 066.75 元，由此可见，采用双倍余额递减法提取折旧所获得的税收利益最大。

### 筹划点评

上述选择是在一般情况下企业的最佳选择。但在某些特殊情况下，企业的选择会不同。例如，假设本案例中的机械厂前两年免税，以后年度按照 25%的税率缴纳企业所得税，那么采用直线法、缩短折旧年限法、双倍余额递减和年数总和法提取折旧，5 年总共应当缴纳的所得税额分别为 750 000 元、775 867 元、775 200 元和 769 400 元，由此可见，最优的方法应当为直线法，其次为年数总和法，再次为双倍余额递减法，最次为缩短折旧年限法。当然，这是从该厂 5 年总共所应当缴纳的企业所得税额的角度来看的，也就是从企业所有者的角度而言的最优结果。如果从该厂每年所缴纳的企业所得税角度，则不一定是这样。因为就第四年而言，四种方法所应缴纳的企业所得税分别为 250 000 元、269 400 元、260 100 元、256 466.75 元。可见，三种加速折旧的方法使得该厂每年所缴纳的企业所得税都超过了采用非加速折旧方法所应缴纳的企业所得税，但加速折旧也为企业经营者提供了一项“秘密资金”，即已经提足折旧的固定资产仍然在为该厂服务，没有另外挤占该厂的资金，这些固定资产的存在为该厂将来的经营亏损提供了弥补的途径。因此，即使在减免税期间，许多企业的经营者也愿意采用加速折旧的方法，目的是有一个较为宽松的财务环境。

表 4-12　不同折旧方法的比较

单位：元

| 年份 | 直线法 | | | 缩短折旧年限法 | | | 双倍余额递减法 | | | 年数总和法 | | |
|---|---|---|---|---|---|---|---|---|---|---|---|---|
| | 折旧额 | 税前利润 | 所得税额 | 折旧额 | 税前利润 | 所得税额 | 折旧额 | 税前利润 | 所得税额 | 折旧额 | 税前利润 | 所得税额 |
| 第一年 | 77 600 | 1 000 000 | 250 000 | 129 333 | 948 267 | 237 066.75 | 160 000 | 917 600 | 229 400 | 129 333 | 948 267 | 237 066.75 |
| 第二年 | 77 600 | 1 000 000 | 250 000 | 129 333 | 948 267 | 237 066.75 | 96 000 | 981 600 | 245 400 | 103 467 | 974 133 | 243 533.25 |
| 第三年 | 77 600 | 1 000 000 | 250 000 | 129 333 | 948 267 | 237 066.75 | 57 600 | 1 020 000 | 255 000 | 77 600 | 1 000 000 | 250 000 |
| 第四年 | 77 600 | 1 000 000 | 250 000 | 0 | 1 077 600 | 269 400 | 37 200 | 1 040 400 | 260 100 | 51 733 | 1 025 867 | 256 466.75 |
| 第五年 | 77 600 | 1 000 000 | 250 000 | 0 | 1 077 600 | 269 400 | 37 200 | 1 040 400 | 260 100 | 25 867 | 1 051 733 | 262 933.25 |
| 合计 | 388 000 | 5 000 000 | 1 250 000 | 388 000* | 5 000 000* | 1 250 000* | 388 000 | 5 000 000 | 1 250 000 | 388 000 | 5 000 000 | 1 250 000 |

注：标注“*”的受尾数调整影响。

# 任务十四　股权转让的纳税筹划

◆税收法律依据

根据我国《企业所得税法》的规定，转让财产收入列入企业收入总额范围，企业转让股权取得的收入属于转让财产收入。

转让资产的净值，准予在计算应纳税所得额时扣除。资产的净值，是指有关资产的计税基础减除已经按照规定扣除的折旧、折耗、摊销、准备金等后的余额。

企业转让股权收入，应于转让协议生效且完成股权变更手续时确认收入的实现。转让股权收入扣除为取得该股权所发生的成本后，为股权转让所得。企业在计算股权转让所得时，不得扣除被投资企业未分配利润等股东留存收益中依据该股权可能分配的金额。

符合条件的居民企业之间的股息、红利等权益性投资收益是免税收入。符合条件的居民企业之间的股息、红利等权益性投资收益，是指居民企业直接投资于其他居民企业取得的投资收益。上述股息、红利等权益性投资收益，不包括连续持有居民企业公开发行并上市流通的股票不足12个月取得的投资收益。

**工作案例4-15**　A公司投资M公司的初始成本为6 000万元，占M公司股份的60%，B公司出资4 000万元，占M公司的40%股份，A公司准备将其持有的M公司股份全部转让给自然人C。自然人C持有N公司股权。截至股权转让前，M公司的未分配利润为5 000万元，盈余公积为5 000万元。2020年，A公司将其持有的M公司股份作价13 000万元全部转让给自然人C。请对A公司的转让行为进行纳税筹划。

**筹划思路与过程**

A公司的转让方案有以下九种：

方案一：直接转让股权。A公司股权转让所得=13 000-6 000=7 000（万元），应纳企业所得税=7 000×25%=1 750（万元），A公司在M公司享有的未分配利润、盈余公积份额不能直接扣减。

方案二：先分红后转让。M公司先分红，A公司根据持股比例可以分得3 000（5 000×60%）万元，分红后A公司获得股权转让收入10 000（13 000-3 000）万元。A公司分得的股息、红利3 000万元免税，股权转让所得=10 000-6 000=4 000（万元），股权转让所得应纳企业所得税=4 000×25%=1 000（万元），与第一种方案相比，少缴税750万元。

方案三：先分红，然后将盈余公积转增资本，再转让。M公司先分红，分红后A公司股权转让收入是10 000万元，由于盈余公积无法分红，可以采取盈余公积转增资本的方式，增加股权的计税基础，从而降低税负。根据我国《公司法》的规定，分配当年税后利润时，应当提取利润的10%列入公司法定公积金。公司法定公积金累计额为公司注册资本的50%以上的，可以不再提取。M公司的盈余公积为5 000万元，恰恰是注册资本1亿元的50%。根据我国《公司法》的规定，法定公积金转为资本时，所留存的该项公积金不得少于转增前公司注册资本的25%。因此，M公司可将2 500

万元盈余公积转增资本，转增后公司的注册资本增加至1.25亿元，其中A公司的投资成本变为：6 000＋2 500×60%＝7 500（万元）。

因此，A公司股权转让所得＝10 000－7 500＝2 500（万元），应纳企业所得税＝2 500×25%＝625（万元），与第一种方案相比，少缴税1 125万元，与第二种方案相比，少缴税375万元。

方案四：先撤资，后增资。A公司和M公司达成协议，按照《公司法》的规定，A公司先从M公司撤出60%的出资，获得13 000万元的补偿，然后由自然人C和M公司签订增资协议，规定由C出资13 000万元，占M公司60%的股权。按照国家税务总局2011年第34号公告的规定，A公司获得的13 000万元补偿，其中6 000万元算作投资资本的收回，不缴纳企业所得税，将按撤资比例60%应享有的M公司盈余公积和未分配利润的份额6 000［(5 000＋5 000)×60%］万元确认为股息所得，不缴纳企业所得税，将其余部分1 000（13 000－6 000－6 000）万元确认为股权转让所得，应纳企业所得税＝1 000×25%＝250（万元）。而C的出资行为除了增加印花税外，不涉及其他税种。

方案五：清算性股利（第三种方案的极端化）。如果A公司是B公司的关联方，在B公司同意不参加分红的情况下，可以利用清算性股利来进行避税。根据《公司法》的规定，股东按照实缴的出资比例分取红利；公司新增资本时，股东有权优先按照实缴的出资比例认缴出资。但是，全体股东约定不按照出资比例分取红利或者不按照出资比例优先认缴出资的除外。即一般情况下，按照持股比例分红，但是全体股东也可以约定分红。

因此，M公司可修改公司章程，约定A公司可以优先分红，直至5 000万元为止，以后M公司取得利润，B公司再进行分红。A公司分红5 000万元后，股权转让价格变为8 000（13 000－5 000）万元，再将2 500万元盈余公积转增资本，转增后A公司的投资成本变为7 500（6 000＋2 500×60%）万元。

因此，A公司股权转让所得＝8 000－7 500＝500（万元），应纳企业所得税＝500×25%＝125（万元），与第一种方案相比，可节税1 625万元，与第二种方案相比，可节税875万元，与第三种方案相比，可节税500万元，与第四种方案相比，可节税125万元。

方案六：延迟纳税义务时间。根据国税函〔2010〕79号文件的规定，企业转让股权收入，应于转让协议生效且完成股权变更手续时，确认收入的实现。转让股权收入扣除为取得该股权所发生的成本后，为股权转让所得。根据国家税务总局发布的《关于企业取得财产转让等所得企业所得税处理问题的公告》的规定，企业取得财产（包括各类资产、股权、债权等）转让收入、债务重组收入、接受捐赠收入、无法偿付的应付款收入等，不论是以货币形式还是非货币形式体现，除另有规定外，均应一次性计入确认收入的年度计算缴纳企业所得税。

可以看出，对于股权转让，税法注重转让的法律形式，在完成股权变更手续时才发生纳税义务。所以在股权转让款分期收取的情况下，企业可以约定在收到全部或绝大部分股权转让款后再办理股权变更手续，这样可以延迟缴纳企业所得税。虽然纳税总额并未减少，但是资金的使用价值是不得不考虑的，尤其对于现金流紧张的企业。

方案七：以股权进行投资。财政部、国家税务总局发布的《关于非货币性资产投资企业所得税政策问题的通知》第一条规定，居民企业（以下简称企业）以非货币性资产对外投资确认的非货币性资产转让所得，可在不超过5年期限内，分期均匀计入相应年度的应纳税所得额，按规定计算缴纳企业所得税。

如果A公司转让股权后本就打算投资自然人C目前投资的N公司，那么可以采取以持有的M公司的股权入股N公司。虽然这也需要缴纳企业所得税，但是可以分5年平均缴纳。

方案八：股权收购/股权置换。如果A公司转让股权后本就打算投资自然人C目前投资的N公司，那么A公司和自然人C之间可以采取“企业重组-股权收购”的方式进行避税。即A公司以持有的M公司的股权换取自然人C持有的N公司的股权。财政部、国家税务总局发布的《关于企业重组业务企业所得税处理若干问题的通知》（财税〔2009〕59号）第五条规定，同时符合下列条件的，适用特殊性税务处理规定：

（1）具有合理的商业目的，且不以减少、免除或者推迟缴纳税款为主要目的。

（2）被收购、合并或分立部分的资产或股权比例符合规定的比例（50%）。

（3）企业重组后的连续12个月内不改变重组资产原来的实质性经营活动。

（4）重组交易对价中涉及的股权支付金额符合规定的比例（85%）。

（5）企业重组中取得股权支付的原主要股东，在重组后连续12个月内，不得转让所取得的股权。

因此，只要自然人C以持有的N公司的股权为对价收购A公司持有的M公司60%的股权，就可以适用特殊性税务处理规定，A公司对于出售的M公司的股权免交企业所得税。这样既达到了从事计划从事的行业的目的又避免了现金流出，同时避免了纳税。当然，税务机关在审核该项商业交易实质的时候，对于这种策划也可能会不予审核通过，因此该项策划是否成功取决于税务机关对商业交易实质审查的严格程度。

方案九：企业分立→企业合并→分配利润。采用此方法，第一步，对M公司进行分立，A公司持有X公司股份，B公司持有Y公司股份。第二步，N公司吸收合并X公司，X公司注销，A公司持有N公司股权。第三步，N公司修改公司章程，只对A公司进行股利分配，A公司一次性获得现金流。按照财税〔2009〕59号的规定，N公司吸收合并X公司后，只要A公司取得的N公司的股权占N公司总支付对价比例达到85%，就可以适用特殊性税务处理，免纳企业所得税。当然，税务机关在审核该项商业交易实质的时候，对于这种策划也可能会不予审核通过，因此该项策划是否成功取决于税务机关对商业交易实质审查的严格程度。

### 筹划结论与点评

随着市场经济的不断发展，股权转让行为越来越普遍。股权转让行为要事先进行纳税筹划，以免付出不必要的代价，同时应该合法合理利用政策，防范税务风险。对股权转让进行纳税筹划时要注意：股权转让价格的最大风险是价格是否公允。有的企业通过签订“阴阳合同”等手段压低股权转让价格，有的企业通过抵偿债务等方式分解股权转让价格，虽然当时少缴税款，却为企业种下了“偷税”的风险种子。虽然目前

《企业所得税法》中并未明确企业转让股权价格明显偏低应如何调整（个人所得税有明确的规定），但在实际工作中，被稽查人员参照净资产公允价值或采用其他方法调整股权转让收入的做法比较常见。一旦被税务机关查出，不仅涉及补税、加收滞纳金，还有被罚款甚至有被移送司法机关的风险。

## 【能力训练】

### 一、单项选择题

1. 根据《企业所得税法》的规定，下列项目中，属于免税收入的是（　　）。

A. 财政拨款

B. 国债利息收入

C. 企业债券利息收入

D. 依法收取并纳入财政管理的行政事业性收费、政府性基金

2. 某企业取得产品销售收入100万元，产品销售成本为60万元，发生管理费用5万元、销售费用10万元、财务费用2万元，销售产品的税金及附加为5万元（不含增值税），该企业当年应缴纳的企业所得税是（　　）万元。

A. 4.5　　B. 2.5　　C. 8.5　　D. 5.5

3. 根据企业所得税法律制度的规定，下列各项无形资产中，可以计算摊销费用在税前扣除的是（　　）。

A. 自创商誉

B. 自行开发无形资产的资本化支出

C. 自行开发的无形资产支出已在计算应纳税所得额时扣除的部分

D. 与经营活动无关的无形资产

4. 某企业购入小汽车一辆，按照《企业所得税法》的规定，该车辆应计算折旧的最低年限是（　　）年。

A. 20　　B. 10　　C. 5　　D. 4

5. 根据《企业所得税法》的规定，不得提取折旧在税前扣除的固定资产是（　　）。

A. 接受投资的固定资产　　B. 未投入使用的房屋、建筑物

C. 授受捐赠的机器设备　　D. 与经营活动无关的固定资产

6. 根据企业所得税法律制度的规定，下列关于在中国境内未设立机构、场所的非居民企业的应纳税所得额确定的说法中，不正确的是（　　）。

A. 转让财产所得，以收入全额减除财产净值后的余额为应纳税所得额

B. 股息、红利等权益性投资收益，以收入全额为应纳税所得额

C. 特许权使用费所得，以收入减去转让过程中发生的合理费用后的余额为应纳税所得额

D. 利息所得，以收入全额为应纳税所得额

7. 某国有企业2015年度发生亏损，根据《企业所得税法》的规定，该亏损额可以用

以后纳税年度的所得逐年弥补，但延续弥补的期限最长不得超过（　　）。

A. 2015 年　　B. 2018 年　　C. 2019 年　　D. 2020 年

8. 某设备生产企业 2020 年的营业收入为 1 500 万元，广告费支出为 52 万元。2019 年超标广告费为 90 万元，则 2020 年税前准许扣除的广告费是（　　）万元。

A. 52　　B. 142　　C. 135　　D. 225

9. 根据企业所得税法律制度的规定，下列支出中，可以直接在税前扣除的是（　　）。

A. 企业为投资者支付的商业保险费

B. 企业从其关联方接受的债权性投资与权益性投资的比例超过规定标准而发生的利息支出

C. 企业参加财产保险，按照规定缴纳的保险费

D. 非银行企业内营业机构之间支付的利息

10. 根据企业所得税法律制度的规定，下列各项中，按负担、支付所得的企业或者机构、场所所在地确定所得来源地的是（　　）。

A. 提供劳务所得　　B. 不动产转让所得

C. 其他所得　　D. 租金所得

**二、多项选择题**

1. 根据企业所得税法律制度的规定，下列关于企业所得税纳税期限的表述中，正确的有（　　）。

A. 企业所得税按年计征，分月或者分季预缴，年终汇算清缴，多退少补

B. 企业在一个纳税年度中间开业，使该纳税年度的实际经营不足 12 个月的，应当以其实际经营期为一个纳税年度

C. 企业依法清算时，应当以清算期作为一个纳税年度

D. 企业在纳税年度中间终止经营活动的，应当自实际经营终止之日起 90 日内，向税务机关办理当期企业所得税汇算清缴

2. 根据企业所得税法律制度的规定，企业的下列固定资产，可以采用加速折旧方法或缩短折旧年限的有（　　）。

A. 技术进步，产品更新换代较快的固定资产

B. 使用频率极高的固定资产

C. 常年处于强震动、高腐蚀状态的固定资产

D. 企业购进的单位价值不超过 500 万元的设备、器具

3. 下列各项中，在计算应纳税所得额时有加计扣除规定的有（　　）。

A. 企业开发新技术、新产品、新工艺发生的研究开发费用

B. 国家需要重点扶持的高新技术企业

C. 企业以规定的资源作为主要原材料，生产国家非限制和禁止并符合国家和行业相关标准的产品取得的收入

D. 企业安置残疾人员及国家鼓励安置的其他就业人员所支付的工资

4. 根据企业所得税法律制度的规定，下列选项中，属于长期待摊费用的有（　　）。

A. 购入固定资产的支出

B. 固定资产的大修理支出

C. 租入固定资产的改建支出

D. 已足额提取折旧的固定资产的改建支出

5. 根据企业所得税法律制度的规定，下列关于生产性生物资产计算折旧的最低年限的表述中，正确的有（　　）。

A. 林木类生产性生物资产，为 5 年

B. 林木类生产性生物资产，为 10 年

C. 畜类生产性生物资产，为 3 年

D. 畜类生产性生物资产，为 4 年

6. 根据企业所得税法律制度的规定，下列各项中，在计算企业所得税应纳税所得额时，不准扣除的有（　　）。

A. 购建固定资产的费用

B. 企业所得税税款

C. 未经核定的准备金支出

D. 向投资者支付的股息、红利等权益性投资收益款项

7. 根据企业所得税法律制度的规定，下列关于企业发生的手续费及佣金支出的扣除标准表述中，正确的有（　　）。

A. 其他企业按所签订服务协议或合同确认的收入金额的 10%计算限额

B. 保险企业按当年全部保费收入扣除退保金等后余额的 18%计算扣除限额

C. 企业以现金等非转账方式向个人支付的手续费及佣金不得在税前扣除

D. 企业支付的手续费及佣金不得直接冲减服务协议或合同金额，应如实入账

8. 根据企业所得税法律制度的规定，企业当年发生的某些费用，超过税法规定的扣除标准，允许结转以后纳税年度扣除。下列各项中，属于此类费用的有（　　）。

A. 广告费　　　　B. 业务宣传费

C. 工会经费　　　　D. 职工教育经费

9. 根据企业所得税法律制度的规定，企业缴纳的下列税金中，准予在计算企业所得税应纳税所得额时扣除的有（　　）。

A. 增值税　　　　B. 土地增值税

C. 城镇土地使用税　　　　D. 城市维护建设税

10. 根据企业所得税法律制度的规定，企业的下列收入中，属于不征税收入范围的有（　　）。

A. 财政拨款

B. 依法收取并纳入财政管理的政府性基金

C. 提供劳务收入

D. 符合条件的居民企业之间的股息、红利等权益性投资收益

11. 根据企业所得税法律制度的规定，下列各项关于收入确认的表述中，正确的有（　　）。

A. 企业以非货币形式取得的收入，应当按照公允价值确定收入额

B. 以分期收款方式销售货物的，按照合同约定的收款日期确认收入的实现

C. 采取产品分成方式取得收入的，按照企业分得产品的日期确认收入的实现，其收

入额按照产品的公允价值确定

D. 接受捐赠收入，按照承诺捐赠资产的日期确定收入

12. 根据企业所得税法律制度的规定，下列关于企业所得税税率的说法中，正确的有（　　）。

A. 居民企业适用25%的税率

B. 非居民企业适用20%的税率

C. 国家需要重点扶持的高新技术企业适用15%的优惠税率

D. 设在西部地区，以《西部地区鼓励类产业目录》中新增鼓励类项目为主营业务，且其当年度主营业务收入占收入总额70%以上的企业适用10%的优惠税率

13. 下列关于企业所得税所得来源确定的说法中，正确的有（　　）。

A. 销售货物所得，按照交易活动发生地确定

B. 提供劳务所得，按照劳务发生地确定

C. 股息、红利等权益性投资所得，按照分配所得的企业所在地确定

D. 特许权使用费所得，按照负担、支付所得的企业或者机构、场所所在地确定，或者按照负担、支付所得的个人的住所地确定

**三、判断题**

1. 居民纳税人，应就其来源于中国境内和境外的所得，依照个人所得税法律制度的规定向中国政府履行全面纳税义务，缴纳个人所得税。（　　）

2. 在中国境内虽设立机构、场所，但取得的所得与其机构、场所没有实际联系的非居民企业，以机构、场所所在地为纳税地点。（　　）

3. 国家需要重点扶持的高新技术企业，减按20%的税率缴纳企业所得税。（　　）

4. 企业从事花卉种植的所得，减半缴纳企业所得税。（　　）

5. 一般情况下，企业发生非货币性资产交换，以及将货物、财产、劳务用于捐赠、偿债、赞助、集资、广告、样品、职工福利或者利润分配等，不作为企业所得税的收入。（　　）

6. 企业因存货盘亏、毁损、报废等原因不得从销项税额中抵扣的增值税进项税额，不得在企业所得税前作为损失扣除。（　　）

7. 已足额提取折旧的固定资产的改建支出，按照固定资产预计尚可使用年限分期摊销。（　　）

8. 除委托个人代理外，企业以现金等非转账方式支付的手续费及佣金，允许在企业所得税前扣除。（　　）

9. 纳税人接受捐赠的货币性收入属于应税收入，纳税人接受捐赠的非货币性资产不属于应税收入。（　　）

10. 计算企业所得税的应纳税所得额时，利息收入按债务人实际支付利息的日期确认。（　　）

**四、案例分析题**

1. 甲公司预计2021年的销售收入为10 000万元，预计广告费为500万元，业务宣传费为200万元，业务招待费为150万元，其他可税前扣除的支出为8 000万元。请为甲公司进行纳税筹划。

2. 2021 年年初，甲公司欲在外地设立乙公司，预计 2021 年乙公司亏损 100 万元，甲公司自身盈利 200 万元。已知甲公司没有企业所得税纳税调整项目，请问乙公司应当选择作为甲公司的子公司还是分公司？

3. 2021 年，甲企业预计会计利润为 100 万元（扣除捐赠后的利润额），计划通过公益性组织捐赠 8 万元，直接向受赠单位捐赠 4 万元。不考虑其他纳税调整因素，计算甲企业当年应缴纳的企业所得税，并对其进行纳税筹划。

4. 甲公司有 500 万元的闲置资金，打算近期投资。其面临两种选择：一种是年利率为 5%的国债投资；另一种是年收益率为 8%的其他债券投资。甲公司适用的企业所得税税率为 25%。请问甲公司选择哪种投资更合适？

# 项目五 个人所得税纳税筹划

**【知识目标】**

1. 了解个人所得税税法要素的基本知识；

2. 熟悉个人所得税纳税筹划的基本思路。

**【能力目标】**

掌握个人所得税主要筹划手段和方式。

**【素质目标】**

培养依法纳税、诚信纳税意识。

**【重点难点】**

灵活掌握个人所得税的纳税筹划手段，从而在实践中应用以达到节税的目的。

**【引例】**

甲企业若不建立企业年金，2020 年支付给每位员工的税前工资、薪金合计额均为 150 000 元（同上年数），2020 年每位员工专项扣除、专项附加扣除和依法确定的其他扣除合计额均为 30 000 元。甲企业若建立企业年金，则企业按员工缴费工资计税基数的 2% 为员工缴纳年金，员工个人缴纳年金的比例也为本人缴费工资计税基数的 2%，2020 年每位员工专项扣除、专项附加扣除和依法确定的其他扣除合计额均为 33 000（30 000＋150 000×2%）元。假设该企业共有 500 名员工，未建立企业年金之前全年的利润总额为 10 000 000 元，且没有企业所得税纳税调整项目。甲企业为员工缴纳的年金符合国家有关政策的规定和标准。甲企业的所有员工月平均工资均未超过职工工作地所在设区城市上一年度职工月平均工资的 300%。

**【要求】**请对上述业务进行纳税筹划。

**【引例解析】**企业年金或职业年金对于员工来说，能够享受个人所得税递延纳税的优惠政策，即在年金缴费环节和年金基金投资收益环节暂不征收个人所得税，将纳税义务递延到个人实际领取年金的环节。企业年金或职业年金对于企业来说，在计算企业所得税时，企业为员工缴费的部分在国家规定标准以内的部分可以税前扣除。

本案例中，若企业不建立企业年金，每位员工 2020 年综合所得的应纳税所得额＝150 000－60 000－30 000＝60 000（元）；每位员工 2020 年综合所得的应纳个人所得税＝60 000×10%－2 520＝3 480（元）；500 名员工 2020 年综合所得的应纳个人所得税合计＝3 480×500＝1 740 000（元）；企业应纳企业所得税＝10 000 000×25%＝2 500 000（元）。

若企业建立企业年金，每位员工 2020 年综合所得的应纳税所得额＝150 000－60 000－

33 000＝57 000（元）；每位员工 2020 年综合所得的应纳个人所得税＝57 000×10％－2 520＝3 180（元）；500 名员工 2020 年综合所得的应纳个人所得税合计＝3 180×500＝1 590 000（元）；企业应纳企业所得税＝(10 000 000－150 000×2％×500)×25％＝2 125 000（元）。

建立企业年金与不建立相比，所有职工当期共少缴纳个人所得税 150 000（1 740 000－1 590 000）元，少缴纳企业所得税 375 000（2 500 000－2 125 000）元，因此应当选择建立企业年金。

**【筹划点评】** 企业年金个人所得税递延纳税的政策，不仅可以让员工延期纳税，而且可以提升员工对工作的热情以及对企业的忠诚度，企业的效益也会随之提高，因此有条件的企业应当设立企业年金或职业年金，以获取税收上的优惠。

# 任务一　个人所得税税法要素及筹划思路

## 一、纳税人和扣缴义务人

个人所得税以所得人为纳税人，以支付所得的单位或者个人为扣缴义务人。个人所得税的纳税人，分为居民个人和非居民个人。在中国境内有住所，或者无住所但一个纳税年度内在中国境内居住累计满 183 天的个人，为居民个人。居民个人从中国境内和境外取得的所得，依照《个人所得税法》的规定缴纳个人所得税。在中国境内无住所又不居住，或者无住所但一个纳税年度内在中国境内居住累计不满 183 天的个人，为非居民个人。非居民个人从中国境内取得的所得，依照《个人所得税法》的规定缴纳个人所得税。

在中国境内无住所的个人，在中国境内居住累计满 183 天的年度连续不满 6 年的，经向主管税务机关备案，其来源于中国境外且由境外单位或者个人支付的所得，免予缴纳个人所得税；在中国境内居住累计满 183 天的任一年度中有一次离境超过 30 天的，其在中国境内居住累计满 183 天的年度的连续年限重新计算。

在中国境内无住所的个人，一个纳税年度内在中国境内居住累计不超过 90 天的，其来源于中国境内的所得，由境外雇主支付并且不由该雇主在中国境内的机构、场所负担的部分，免予缴纳个人所得税。

在中国境内无住所的个人取得工资、薪金所得的征税问题如表 5－1 所示。

**表 5－1　在中国境内无住所的个人取得工资、薪金所得的征税问题**

| 中国境内居住时间 | 纳税人身份 | 境内所得<br>境内支付 | 境内所得<br>境外支付 | 境外所得<br>境内支付 | 境外所得<br>境外支付 |
|---|---|---|---|---|---|
| 不超过 90 天 | 非居民纳税人 | 征税 | 不征税 | 不征税 | 不征税 |
| 超过 90 天但不满 183 天 | 非居民纳税人 | 征税 | 征税 | 不征税 | 不征税 |
| 满 183 天但年度连续不满 6 年 | 居民纳税人 | 征税 | 征税 | 征税 | 不征税 |
| 满 183 天的年度连续满 6 年 | 居民纳税人 | 征税 | 征税 | 征税 | 征税 |

个人独资企业和合伙企业投资者征收个人所得税的依据为我国《个人所得税法》及其实施条例、《税收征收管理法》及其实施细则的有关规定。

**纳税筹划思路**

1. 巧选非居民个人，避免成为居民个人，因其负有无限纳税义务。
2. 合理选择公司的组织形式，比较有限公司与个人独资企业、合伙企业的税负情况。

## 二、征税范围

个人所得税的应税项目共包括九项。

### （一）工资薪金所得

工资薪金所得是指个人因任职或者受雇而取得的工资、薪金、奖金、年终加薪、劳动分红、津贴、补贴以及与任职或者受雇有关的其他所得。

工资薪金不包括下列内容：

（1）独生子女补贴。

（2）执行公务员工资制度未纳入基本工资总额的补贴、津贴差额和家属成员的副食补贴。

（3）托儿补助费。

（4）差旅费津贴和误餐补贴。

### （二）劳务报酬所得

劳务报酬所得是指个人从事设计、装潢、安装、制图、化验、测试、医疗、法律、会计、咨询、讲学、新闻、广播、翻译、审稿、书画、雕刻、影视、录音、录像、演出、表演、广告、展览、技术服务、介绍服务、经纪服务、代办服务以及其他劳务取得的所得。

### （三）稿酬所得

稿酬所得是指个人因其作品以图书、报刊形式出版、发表而取得的所得。

### （四）特许权使用费所得

特许权使用费所得是指个人提供专利权、商标权、著作权、非专利技术以及其他特许权的使用权取得的所得；提供著作权的使用权取得的所得，不包括稿酬所得。

### （五）经营所得

（1）个体工商户从事生产、经营活动取得的所得，个人独资企业投资人、合伙企业的个人合伙人来源于境内注册的个人独资企业、合伙企业的生产、经营所得。

（2）个人依法从事办学、医疗、咨询以及其他有偿服务活动取得的所得。

（3）个人对企业、事业单位承包经营、承租经营以及转包、转租取得的所得。

（4）个人从事其他生产、经营活动取得的所得。

### （六）利息、股息、红利所得

利息、股息、红利所得是指个人拥有债权、股权而取得的利息、股息、红利所得。

### （七）财产租赁所得

财产租赁所得是指个人出租建筑物、土地使用权、机器设备、车船以及其他财产取得的所得。

个人取得的财产转租收入，属于“财产租赁所得”项目的征税范围，由财产转租人缴纳个人所得税。

（八）财产转让所得

财产转让所得是指个人转让有价证券、股票、建筑物、土地使用权、机器设备、车船以及其他财产取得的所得。

目前，国家对股票转让所得暂不征收个人所得税。对个人转让自用五年以上并且是家庭唯一生活用房取得的所得，免征个人所得税。

（九）偶然所得

偶然所得是指个人得奖、中奖、中彩以及其他偶然性质的所得。

个人取得的所得，难以界定应纳税所得项目的，由国务院税务主管部门确定。

居民个人取得上述第（一）项至第（四）项所得（以下称为综合所得），按纳税年度合并计算个人所得税；非居民个人取得上述第（一）项至第（四）项所得，按月或者按次分项计算个人所得税。纳税人取得上述第（五）项至第（九）项所得，依照规定分别计算个人所得税。

## 三、税率

个人所得税的税率按所得项目不同分别确定。

（1）综合所得，适用3%～45%的超额累进税率，如表5-2所示。

**表5-2　个人所得税税率表一（综合所得适用）**

| 级数 | 全年应纳税所得额 | 税率（%） | 速算扣除数 |
|---|---|---|---|
| 1 | 不超过36 000元的 | 3 | 0 |
| 2 | 超过36 000元至144 000元的部分 | 10 | 2 520 |
| 3 | 超过144 000元至300 000元的部分 | 20 | 16 920 |
| 4 | 超过300 000元至420 000元的部分 | 25 | 31 920 |
| 5 | 超过420 000元至660 000元的部分 | 30 | 52 920 |
| 6 | 超过660 000元至960 000元的部分 | 35 | 85 920 |
| 7 | 超过960 000元的部分 | 45 | 181 920 |

（2）经营所得，适用5%～35%的超额累进税率，如表5-3所示。

**表5-3　个人所得税税率表二（经营所得适用）**

| 级数 | 全年应纳税所得额 | 税率（%） | 速算扣除数 |
|---|---|---|---|
| 1 | 不超过30 000元的 | 5 | 0 |
| 2 | 超过30 000元至90 000元的部分 | 10 | 1 500 |
| 3 | 超过90 000元至300 000元的部分 | 20 | 10 500 |
| 4 | 超过300 000元至500 000元的部分 | 30 | 40 500 |
| 5 | 超过500 000元的部分 | 35 | 65 500 |

（3）利息、股息、红利所得，财产租赁所得，财产转让所得和偶然所得适用比例税率，税率为 20%。

## 四、应纳税所得额的计算

### （一）居民个人综合所得应纳税所得额的计算

居民个人综合所得，以每一纳税年度的收入额减除费用 6 万元以及专项扣除、专项附加扣除和依法确定的其他扣除后的余额为应纳税所得额。

劳务报酬所得、稿酬所得、特许权使用费所得以收入减除 20%的费用后的余额为收入额，稿酬所得的收入额减按 70%计算。

专项扣除，包括居民个人按照国家规定的范围和标准缴纳的基本养老保险、基本医疗保险、失业保险等社会保险费和住房公积金等。

专项附加扣除包括以下六项。

1. 子女教育

纳税人的子女接受全日制学历教育的相关支出，按照每个子女每月 1 000 元的标准定额扣除。

2. 继续教育

纳税人在中国境内接受学历（学位）继续教育的支出，在学历（学位）教育期间按照每月 400 元定额扣除。同一学历（学位）继续教育的扣除期限不能超过 48 个月。纳税人接受技能人员职业资格继续教育、专业技术人员职业资格继续教育的支出，在取得相关证书的当年，按照 3 600 元定额扣除。

3. 大病医疗

在一个纳税年度内，纳税人发生的与基本医保相关的医药费用支出，扣除医保报销后个人负担（指医保目录范围内的自付部分）累计超过 15 000 元的部分，由纳税人在办理年度汇算清缴时，在 80 000 元限额内据实扣除。

4. 住房贷款利息

纳税人本人或者配偶单独或者共同使用商业银行或者住房公积金个人住房贷款为本人或者其配偶购买中国境内住房，发生的首套住房贷款利息支出，在实际发生贷款利息的年度，按照每月 1 000 元的标准定额扣除，扣除期限最长不超过 240 个月。纳税人只能享受一次首套住房贷款的利息扣除。

5. 住房租金

纳税人在主要工作城市没有自有住房而发生的住房租金支出，可以按照以下标准定额扣除：

（1）直辖市、省会（首府）城市、计划单列市以及国务院确定的其他城市，扣除标准为每月 1 500 元。

（2）除第（1）项所列城市以外，市辖区户籍人口超过 100 万的城市，扣除标准为每月 1 100 元；市辖区户籍人口不超过 100 万的城市，扣除标准为每月 800 元。

6. 赡养老人

纳税人赡养一位及以上被赡养人的赡养支出，统一按照以下标准定额扣除：

（1）纳税人为独生子女的，按照每月 2 000 元的标准定额扣除。

（2）纳税人为非独生子女的，由其与兄弟姐妹分摊每月 2 000 元的扣除额度，每人分摊的额度不能超过每月 1 000 元。可以由赡养人均摊或者约定分摊，也可以由被赡养人指定分摊。约定或者指定分摊的，须签订书面分摊协议，指定分摊优先于约定分摊。具体分摊方式和额度在一个纳税年度内不能变更。

### （二）非居民个人相关应纳税所得额的计算

非居民个人的工资薪金所得，以每月收入额减除费用 5 000 元后的余额为应纳税所得额；劳务报酬所得、稿酬所得、特许权使用费所得，以每次收入额为应纳税所得额。劳务报酬所得、稿酬所得、特许权使用费所得以收入减除 20%的费用后的余额为收入额，稿酬所得的收入额减按 70%计算。

### （三）经营所得应纳税所得额的计算

经营所得以每一纳税年度的收入总额减除成本、费用以及损失后的余额为应纳税所得额。

### （四）财产租赁所得应纳税所得额的计算

财产租赁所得，每次收入不超过 4 000 元的，减除费用 800 元；4 000 元以上的，减除 20%的费用，其余额为应纳税所得额。

### （五）财产转让所得应纳税所得额的计算

财产转让所得，以转让财产的收入额减除财产原值和合理费用（指卖出财产时按规定支付的有关费用）的余额为应纳税所得额。

### （六）利息、股息、红利所得和偶然所得应纳税所得额的计算

利息、股息、红利所得和偶然所得以每次收入额为应纳税所得额。

除上述规定外，个人将其所得对教育、扶贫、济困等公益慈善事业进行捐赠，捐赠额未超过纳税人申报的应纳税所得额 30%的部分，可以从其应纳税所得额中扣除；国务院规定对公益慈善事业捐赠实行全额税前扣除的，从其规定。

**纳税筹划思路**

1. 利用税法的规定，正确选择年终奖发放金额和发放方式。
2. 建议均匀发放个人综合所得并注意其中的内部转换。
3. 利用好个人所得税的最新政策，使用专项附加扣除的最大扣除额度。
4. 注意财产转让过程中的捐赠等问题，减少个人所得税税负。

## 五、减免项目

### （一）免征个人所得税项目

（1）省级人民政府、国务院部委和中国人民解放军军以上单位，以及外国组织、国际组织颁发的科学、教育、技术、文化、卫生、体育、环境保护等方面的奖金。

（2）国债和国家发行的金融债券利息。

（3）按照国家统一规定发给的补贴、津贴。

（4）福利费、抚恤金、救济金。

（5）保险赔款。

(6) 军人的转业费、复员费、退役金。

(7) 按照国家统一规定发给干部、职工的安家费、退职费、基本养老金或者退休费、离休费、离休生活补助费。

(8) 依照有关法律的规定应予以免税的各国驻华使馆、领事馆的外交代表、领事官员和其他人员的所得。

(9) 中国政府参加的国际公约、签订的协议中规定免税的所得。

(10) 国务院规定的其他免税所得（由国务院报全国人民代表大会常务委员会备案)。

(二) 减征个人所得税的情况

(1) 残疾、孤老人员和烈属的所得。

(2) 因自然灾害遭受重大损失的。

国务院可以规定其他减免税情形，报全国人民代表大会常务委员会备案。具体幅度和期限，由省、自治区、直辖市人民政府规定，并报同级人民代表大会常务委员会备案。

## 六、征收管理

(一) 纳税申报

有下列情形之一的，纳税人应当依法办理纳税申报：

(1) 取得综合所得需要办理汇算清缴。取得综合所得需要办理汇算清缴的情形包括：

1) 从两处以上取得综合所得，且综合所得年收入额减除专项扣除的余额超过 6 万元；

2) 取得劳务报酬所得、稿酬所得、特许权使用费所得中一项或者多项所得，且综合所得年收入额减除专项扣除的余额超过 6 万元；

3) 纳税年度内预缴税额低于应纳税额；

4) 纳税人申请退税。

(2) 取得应税所得没有扣缴义务人。

(3) 取得应税所得，扣缴义务人未扣缴税款。

(4) 取得境外所得。

(5) 因移居境外注销中国户籍。

(6) 非居民个人在中国境内从两处以上取得工资薪金所得。

(7) 国务院规定的其他情形。

扣缴义务人应当按照国家规定办理全员全额扣缴申报，并向纳税人提供其个人所得和已扣缴税款等信息。

(二) 个人所得税纳税期限

(1) 居民个人取得综合所得，按年计算个人所得税；有扣缴义务人的，由扣缴义务人按月或者按次预扣预缴税款；需要办理汇算清缴的，应当在取得所得的次年 3 月 1 日至 6 月 30 日内办理汇算清缴。居民个人向扣缴义务人提供专项附加扣除信息的，扣缴义务人按月预扣预缴税款时应当按照规定予以扣除，不得拒绝。

非居民个人取得工资薪金所得、劳务报酬所得、稿酬所得和特许权使用费所得，有扣缴义务人的，由扣缴义务人按月或者按次代扣代缴税款，不办理汇算清缴。

(2) 纳税人取得经营所得，按年计算个人所得税，由纳税人在月度或者季度终了后 15 日内向税务机关报送纳税申报表，并预缴税款；在取得所得的次年3月31日前办理汇算清缴。

（3）纳税人取得利息、股息、红利所得，财产租赁所得，财产转让所得和偶然所得，按月或者按次计算个人所得税，有扣缴义务人的，由扣缴义务人按月或者按次代扣代缴税款。

（4）扣缴义务人每月或者每次预扣、代扣的税款，应当在次月15日内缴入国库，并向税务机关报送扣缴个人所得税申报表。纳税人取得应税所得没有扣缴义务人的，应当在取得所得的次月15日内向税务机关报送纳税申报表，并缴纳税款。

（5）居民个人从中国境外取得所得的，应当在取得所得的次年3月1日至6月30日内申报纳税。非居民个人在中国境内从两处以上取得工资薪金所得的，应当在取得所得的次月15日内申报纳税。

**纳税筹划思路**

创设条件利用好税收优惠政策。

## 任务二　个人所得税纳税人身份筹划

### 一、避免成为居民纳税人的纳税筹划

◆税收法律依据

根据《个人所得税法》的规定，在中国境内有住所，或者无住所但一个纳税年度内在中国境内居住累计满183天的个人，为居民个人。居民个人从中国境内和境外取得的所得，依照《个人所得税法》的规定缴纳个人所得税。在中国境内无住所又不居住，或者无住所但一个纳税年度内在中国境内居住累计不满183天的个人，为非居民个人。非居民个人从中国境内取得的所得，依照《个人所得税法》的规定缴纳个人所得税。在中国境内无住所的个人，在中国境内居住累计满183天的年度连续不满6年的，经向主管税务机关备案，其来源于中国境外且由境外单位或者个人支付的所得，免予缴纳个人所得税；在中国境内居住累计满183天的任一年度中有一次离境超过30天的，其在中国境内居住累计满183天的年度的连续年限重新计算。

在中国境内无住所的个人，在一个纳税年度内在中国境内居住累计不超过90天的，其来源于中国境内的所得，由境外雇主支付并且不由该雇主在中国境内的机构、场所负担的部分，免予缴纳个人所得税。

外籍个人到我国工作时，应充分利用我国所规定的居民个人和非居民个人的条件，避免成为我国的居民个人，从而减轻个人所得税税负。

**工作案例5-1**　一位英国工程师受雇于一家位于英国的公司（总公司）。从2020年3月1日起，他首次到中国境内的分公司帮助筹建某工程。2020年9月1日，他回英国总公司继续工作，未向主管税务机关备案。2020年度，这位英国工程师共领取工资薪金折合人民币40万元，其中在中国工作期间，由中国分公司支付工资薪金20万元，其余20万元由英国总公司支付。请分析该英国工程师2020年度的纳税情况。

**筹划思路**

这名英国工程师于2020年3月1日至9月1日在中国境内居住，天数已满183天，属于居民个人，如果出于减轻个人所得税税负的目的，这是应该避免的情况。纳税筹划中应使一个纳税年度内居住天数少于183天，或者向主管税务机关备案，同时在中国境内居住累计满183天的年度连续不满6年。

**筹划过程**

方案一：英国工程师于2020年3月1日到中国分公司工作，2020年8月25日回英国总公司，在中国境内居住累计不超过183天，为非居民个人。其仅就从中国境内取得的所得20万元，依照《个人所得税法》的规定缴纳个人所得税。

方案二：英国工程师于2020年3月1日到中国分公司工作，依然于2020年9月1日回英国总公司，向主管税务机关备案。虽然2020年度在中国境内居住累计超过183天，但在中国境内无住所的个人，在中国境内居住累计满183天的年度连续不满6年（该工程师首次到中国工作），经向主管税务机关备案，其来源于中国境外且由境外单位或者个人支付的所得，免予缴纳个人所得税，仅就中国分公司支付的20万元缴纳个人所得税。

**筹划结论**

采用方案一，需要调整原回国日程，但可以避免成为个人所得税纳税人的居民个人，从而避免境外收入缴纳个人所得税；采用方案二，不需要调整原回国时间，也可以避免境外收入缴纳个人所得税。

**筹划点评**

通过减少在中国境内的居住天数，使其不超过183天，或者主动向主管税务机关备案，均有可能避免就从中国境内和境外取得的全部所得在中国缴纳个人所得税。

## 二、有限责任公司、个人独资企业和合伙企业互相转换的纳税筹划

◆税收法律依据

具有法人资格的企业（股份有限公司、有限责任公司）需要缴纳税率为25%的企业所得税，个人股东从股份有限公司和有限责任公司分配的税后利润，需要按照“利息、股息、红利所得”项目缴纳税率为20%的个人所得税。不具有法人资格的企业（个体工商户、个人独资企业、合伙企业）不需要缴纳企业所得税，个人通过在中国境内注册登记的个体工商户、个人独资企业、合伙企业从事生产、经营活动取得的所得，按照“经营所得”项目缴纳个人所得税。经营所得适用五级超额累进税率，税率为5%～35%。

有限责任公司适用的企业所得税税率表面上比个人独资企业和合伙企业适用的个人所得税税率的上限（35%）要低，但是有限责任公司的投资者所获得的收益是在缴纳了企业所得税后再分配的，再按“利息、股息、红利所得”项目征收20%的个人所得税。因此，小型有限责任公司的企业所得税和个人所得税负担比较重，从纳税筹划的角度，将有限责任公司变更为个人独资企业和合伙企业，投资者就可以获得较多的税后收益。

相反，如果个人独资企业和合伙企业的规模较大，年应纳税所得额较多，个人所得税适用35%的税率，进行纳税筹划时可以考虑将个人独资企业和合伙企业变更为有限责任公司。

**工作案例 5-2** 张某等 4 人在 2020 年欲成立一家百货商场，4 人的出资额相等，均享有 25%的股份，现有两种方案可供选择。方案一：成立有限责任公司，每年利润总额为 1 000 000 元，假设没有企业所得税纳税调整项目，且税后利润在提取法定盈余公积后全部平均分配给股东。方案二：成立合伙企业，每年利润总额（应纳税所得额）为 1 000 000 元，且 4 位合伙人约定将利润全部平均分配。假设不考虑增值税因素。请从节税角度分析应选择哪个方案。

**筹划思路**

从张某等 4 人的角度来看，在不影响商场正常经营的情况下，将企业的组织形式从有限责任公司转化为合伙企业，可以规避企业所得税，虽然个人所得税相较于交过企业所得税后缴纳的个人所得税多了，但是总体税负下降很多，只是合伙企业不会像股份制公司那样融资方便。若选择成立有限责任公司并且税后利润全部分配给股东，所获利润既要缴纳企业所得税又要缴纳个人所得税。

**筹划过程**

方案一：成立有限责任公司，每年利润总额为 1 000 000 元，没有企业所得税纳税调整项目（即应纳税所得额＝利润总额），且税后利润提取法定盈余公积后全部平均分配给股东。

有限责任公司应纳企业所得税＝1 000 000×25%＝250 000（元）

有限责任公司税后利润＝1 000 000－2 500 000＝750 000（元）

有限责任公司提取法定盈余公积＝750 000×10%＝75 000（元）

有限责任公司向股东分配的利润合计＝750 000－75 000＝675 000（元）

4 位股东按“利息、股息、红利所得”项目应纳个人所得税总额＝675 000÷4×20%×4＝135 000（元）

应纳税额合计＝250 000＋135 000＝385 000（元）

方案二：成立合伙企业，每年利润总额（应纳税所得额）为 1 000 000 元，且 4 位合伙人约定将利润全部平均分配。

每位合伙人的应纳税所得额＝1 000 000÷4＝250 000（元）

4 位合伙人按“经营所得”项目应纳个人所得税总额＝(250 000×20%－10 500)×4＝158 000（元）

应纳税额合计＝158 000（元）

**筹划结论**

张某等 4 人成立合伙企业比成立有限责任公司少缴纳税款 227 000（385 000－158 000）元，因此应当选择成立合伙企业。

**筹划点评**

成立不具有法人资格的企业（个体工商户、个人独资企业、合伙企业），而非具有法人资格的企业（股份有限公司、有限责任公司），不利于对外融资和实现长期发展；同时，不具有法人资格的企业的投资人以其个人财产对企业债务承担无限责任。因此，纳税人应综合考虑多种因素，做出决策。

# 任务三　综合所得的纳税筹划

## 一、居民个人年终奖的纳税筹划

◆税收法律依据

2018 年 12 月 27 日，财政部、国家税务总局联合颁发的《关于个人所得税法修改后有关优惠政策衔接问题的通知》（财税〔2018〕164 号）第一条第（一）项规定，居民个人取得全年一次性奖金，符合《国家税务总局关于调整个人取得全年一次性奖金等计算征收个人所得税方法问题的通知》（国税发〔2005〕9 号）规定的，在 2021 年 12 月 31 日前，不并入当年综合所得，以全年一次性奖金收入除以 12 个月得到的数额，按照按月换算后的综合所得税率表，确定适用税率和速算扣除数，单独计算纳税。计算公式为：

应纳税额＝全年一次性奖金收入×适用税率－速算扣除数

居民个人取得全年一次性奖金，也可以选择并入当年综合所得计算纳税。

自 2022 年 1 月 1 日起，居民个人取得全年一次性奖金，应并入当年综合所得计算缴纳个人所得税。也就是说，在现行《个人所得税法》下，个人年终奖的计算原理平移了以前个税计算原理，只不过纳税人有权选择使用或者不使用，不用再减当月收入不足扣除费用（2018 年 10 月 1 日后为 5 000 元）的差额后，再除以 12 个月。

**工作案例 5－3**　2019 年居民个人王某的工资薪金所得为 80 000 元，专项扣除、专项附加扣除等合计为 63 000 元，若发放的年终奖为 100 000 元，他有两种选择：年终奖单独计算纳税和并入综合所得纳税。请为王某进行纳税筹划。

**筹划思路**

若选择年终奖单独计算纳税，不并入当年综合所得，则 100 000 元除以 12 个月得到的数额为 8 333.33 元，按照按月换算后的综合所得税率表，确定适用税率为 10%，速算扣除数为 210 元；若选择并入当年综合所得，则按综合所得项目计算纳税。进行筹划时，应比较哪一种方案应缴纳的税额较少。

**筹划过程**

方案一：选择年终奖单独计算纳税。

年终奖应纳个人所得税＝100 000×10%－210＝9 790（元）

应纳个人所得税合计 9 790 元。

方案二：将年终奖并入综合所得纳税。

应纳个人所得税合计＝(100 000＋80 000－60 000－63 000)×10%－2 520
＝3 180（元）

**筹划结论**

将年终奖并入综合所得纳税与单独计算纳税相比，可以少缴纳税金 6 610（9 790－3 180）元，因此应选择并入综合所得纳税。

### 筹划点评

若王某 2020 年取得的工资薪金所得扣除专项扣除后为 80 000 元，专项附加扣除 10 000 元，没有其他扣除，则应纳税所得额＝80 000－60 000－10 000＝10 000（元），适用 3%的税率，汇算清缴应纳税额为 300（10 000×3%）元。假设 2020 年年终奖为 36 000 元，王某选择单独纳税，36 000÷12＝3 000（元），适用 3%的税率，应纳个人所得税＝36 000×3%＝1 080（元）。如果 2020 年年终奖为 36 001 元，那么“纳税陷阱”就出现了：36 001÷12＝3 000.08（元），适用第二档税率和速算扣除数，应纳个人所得税＝36 001×10%－210＝3 390.1（元），两者间的差额＝3 390.1－1 080＝2 310.1（元），多领了 1 元年终奖，却需要多缴纳个人所得税 2 310.1 元。

经过测算，在现行《个人所得税法》下，年终奖在 36 000～38 566.67 元这个区间，会存在多发钱却收到更少钱的“陷阱”，不仅在这个区间，在 144 000～160 500 元、300 000 ～ 318 333.33 元、420 000 ～ 447 500 元、660 000 ～ 706 538.46 元、960 000～1 120 000 元都会存在“年终奖陷阱”，所以，发放各等级年终奖时要避开这些区间。当然，此种筹划只能适用于 2022 年之前，自 2022 年开始，年终奖将一并并入综合所得按年征收个人所得税。

## 二、居民个人综合所得内部项目转换的纳税筹划

◆税收法律依据

居民个人的综合所得，以每一纳税年度的收入额减除费用 6 万元以及专项扣除、专项附加扣除和依法确定的其他扣除后的余额，为应纳税所得额。劳务报酬所得、稿酬所得、特许权使用费所得以收入减除 20%的费用后的余额为收入额。稿酬所得的收入额减按 70%计算。

在同等收入的情况下，个人应当尽量优先获取稿酬所得，其次是劳务报酬所得、特许权使用费所得，最后是工资薪金所得。

**工作案例 5-4** 居民个人赵某从事艺术设计工作，是甲公司的一名在职员工。本年有两种获取综合所得的方案可供选择：方案一，从甲公司获取税前工资薪金收入共计 200 000 元（含加班为任职单位甲公司设计效果图获得的收入 40 000 元），业余兼职取得税前劳务报酬收入 90 000 元（含审稿取得的收入 30 000 元），业余出版专业图书取得税前稿酬收入 70 000 元。方案二，赵某放弃加班为任职单位甲公司设计效果图，减少税前工资薪金收入 40 000 元，选择兼职为其他单位设计效果图，相应地增加税前劳务报酬收入 40 000 元；同时，赵某放弃审稿收入 30 000 元，选择增加写作时间，相应地增加税前稿酬收入 30 000 元。赵某本年专项扣除、专项附加扣除和依法确定的其他扣除共计 50 000 元。假设不考虑增值税因素。请从节税角度分析赵某应选择哪种方案。

### 筹划思路

综合所得中的劳务报酬所得、稿酬所得、特许权使用费所得以收入减除20%的费用后的余额为收入额，稿酬所得的收入额减按70%计算，而综合所得中的工资薪金所得以实际金额作为收入额，因此，在同等收入的情况下，个人应当尽量优先获取稿酬所得，其次是劳务报酬所得、特许权使用费所得，最后是工资薪金所得。若按照方案二，赵某从甲公司获取税前工资薪金收入共计160 000（200 000－40 000）元，业余兼职取得税前劳务报酬收入100 000（90 000＋40 000－30 000）元，业余出版专业图书取得税前稿酬收入100 000（70 000＋30 000）元。

### 筹划过程

方案一：

本年综合所得的应纳税所得额＝200 000＋90 000×(1－20%)＋70 000×(1－20%)×70%－50 000－60 000＝201 200（元）

本年综合所得的应纳个人所得税＝201 200×20%－16 920＝23 320（元）

方案二：

本年综合所得的应纳税所得额＝160 000＋100 000×(1－20%)＋100 000×(1－20%)×70%－50 000－60 000＝186 000（元）

本年综合所得的应纳个人所得税＝186 000×20%－16 920＝20 280（元）

### 筹划结论

方案二与方案一相比，缴纳的个人所得税少3 040（23 320－20 280）元，因此应选择方案二。

### 筹划点评

自2019年1月1日起实施的修改后的《个人所得税法》规定，年免征额60 000元可以从居民个人的综合所得（工资薪金所得、劳务报酬所得、稿酬所得、特许权使用费所得的合计额）中扣除，而稿酬所得、劳务报酬所得、特许权使用费所得本身又有各自的定率减除额。因此相对于修改前的《个人所得税法》，修改后的《个人所得税法》对于取得稿酬所得、劳务报酬所得、特许权使用费所得的规定比取得工资薪金所得更为有利。另外，需要注意的是，对于属于增值税征收范围的劳务报酬所得和特许权使用费所得，若达到起征点，还需要缴纳增值税；对于达到城市维护建设税、教育费附加、地方教育附加起征点的情况，还需要缴纳城市维护建设税、教育费附加、地方教育附加。

个人获得劳务报酬和稿酬所得只能在一定限额内扣除费用，劳务报酬适用的税率是累进的，应纳税所得额越大，应纳税额就越大。如果在现有的扣除标准下，多扣除一些费用，就可以减少个人所得税额，故将一些合理的费用支出添加到合同当中，从而降低名义劳务报酬，也是一种筹划思路。

例如，张先生利用业余时间做些画作，某公司请张先生为其公司画幅作品，劳务报酬为10 000元。张先生画画耗费大量水彩，需要花费2 000元去补充材料。此时，张先生应预缴个人所得税1 600［10 000×(1－20%)×20%］元。若张先生与这家公司商量好，在合同中签订材料费由某公司负责，收入设定为 8 000 元的条款，则张先生应预缴个人所得税 1 280 ［8 000×(1－20%)×20%］元。此方法为张先生节税 320 元，而且降低了本年张先生综合所得的应纳税总额。

再以稿酬为例，若张先生是位业余作家，主业为大学教授，业余空闲时间偶尔写小说并发表。张先生在某家报社取得稿费收入 20 000 元，自己在创作过程中产生杂费 4 000 元，则张先生此笔收入应预缴个人所得税 2 240 ［20 000×(1－20%)×70%×20%］元。若张先生事先与报社沟通好，在合同中标明报社负责张先生创作杂费，支付张先生 16 000 元稿酬，则张先生此时应缴纳个人所得税 1 792 ［16 000×(1－20%)×70%×20%］元。相比之下，比之前少缴纳个人所得税 448（2 240－1 792）元。

## 三、居民个人按年均衡取得综合所得的纳税筹划

### ◆税收法律依据

这里的税收法律依据与本任务“二、居民个人综合所得内部项目转换的纳税筹划”相同，应注意的是，居民个人如果各年的综合所得不均衡，则综合所得高的年份多缴纳的个人所得税有可能会大于综合所得低的年份少缴纳的个人所得税。

**工作案例 5-5** 居民个人王某预计 2020 年、2021 年、2022 年三年取得的综合所得的应纳税所得额（每一纳税年度的收入额减除费用 6 万元以及专项扣除、专项附加扣除和依法确定的其他扣除后的余额）合计 600 000 元。根据王某各种工作的先后顺序，现有两种取得所得的方案可供选择：方案一，2020 年的应纳税所得额为 100 000 元，2021 年的应纳税所得额为 200 000 元，2022 年的应纳税所得额为 300 000 元。方案二，2020 年的应纳税所得额为 200 000 元，2021 年的应纳税所得额为 200 000 元，2022 年的应纳税所得额为 200 000 元。请从节税角度分析王某应选择哪种方案。

**筹划思路**

居民个人各年的综合所得不均衡，综合所得高的年份多缴纳的个人所得税有可能会大于综合所得低的年份少缴纳的个人所得税，因此个人可以考虑均衡各年的综合所得，以便从整体上降低个人所得税税负。

**筹划过程**

方案一：2020 年的应纳税所得额为 100 000 元，2021 年的应纳税所得额为 200 000 元，2022 年的应纳税所得额为 300 000 元。

2020 年综合所得的应纳个人所得税＝100 000×10%－2 520＝7 480（元）

2021 年综合所得的应纳个人所得税＝200 000×20%－16 920＝23 080（元）

2022 年综合所得的应纳个人所得税＝300 000×20%－16 920＝43 080（元）

2020 年、2021 年、2022 年三年综合所得应纳个人所得税合计＝7 480＋23 080＋43 080＝73 640（元）

方案二：2020 年的应纳税所得额为 200 000 元，2021 年的应纳税所得额为 200 000 元，2022 年的应纳税所得额为 200 000 元。

2020 年综合所得的应纳个人所得税＝200 000×20％－16 920＝23 080（元）

2021 年综合所得的应纳个人所得税＝200 000×20％－16 920＝23 080（元）

2022 年综合所得的应纳个人所得税＝200 000×20％－16 920＝23 080（元）

2020 年、2021 年、2022 年三年综合所得应纳个人所得税合计＝23 080＋23 080＋23 080＝69 240（元）

**筹划结论**

方案二与方案一相比，少缴纳个人所得税 4 400（73 640－69 240）元，因此应当选择方案二。

**筹划点评**

在可行范围内，应当适度均衡各年度的综合所得，居民个人工作一年（当年取得综合所得）、休假一年（当年未取得综合所得）属于最不均衡取得综合所得的情况，应当尽量避免。

## 四、居民个人综合所得与经营所得转换的纳税筹划

◆税收法律依据

根据《个人所得税法》的规定，劳务报酬等项目并入综合所得合并征税，但对于财产租赁、财产转让以及经营所得并未合并统一征税，依旧采用分类征收个人所得税的方式，故而产生的纳税筹划空间则是将劳务报酬转化为综合所得以外的收入项目，如可将劳务报酬转化成经营所得。

综合所得采用七级超额累进税率，最高税率为 45％，而经营所得采用五级超额累进税率，最高税率为 35％，因此上述筹划方法相对有利于一些高劳务报酬人群。这类人群可以通过注册一个工作室或成立个体工商户的方式取得收入，将自己的劳务报酬均以工作室的名义签订合同取得。这样一来，可以合理地将劳务报酬转化为经营所得，有效降低综合所得的应纳税所得额和自身适用税率。

**工作案例 5－6** 居民个人刘某在一家企业工作，全年工资薪金所得为 200 000 元，本年专项扣除、专项附加扣除和依法确定的其他扣除共计 40 000 元。在业余时间，刘某会承接一些修理电脑、组装软件等业务。假设 2020 年刘某承接的修理电脑、组装软件等业务共取得劳务报酬 50 000 元。若刘某 2020 年未取得其他相关个人所得，则其全年应缴纳的个人所得税额是多少？请对其进行纳税筹划。

**筹划思路**

一般情况下，个人同等金额的劳动收入在综合所得和经营所得的不同应税项目下，其应纳税所得额和税率基本上是不同的。因此，在个人劳动收入金额相同且能够相互转换的情况下，可以通过分别测算综合所得和经营所得各自的个人所得税税负，来选择应税项目。

#### 筹划过程

方案一：若将 50 000 元收入按综合所得中的劳务报酬征税，根据我国《个人所得税法》的规定，刘某全年应缴纳个人所得税额＝(200 000＋50 000－40 000－60 000)×20％－16 920＝13 080（元）。

方案二：若刘某以个人名义开设一个工作室，以工作室名义与对方签订合同并获得劳务报酬收入，则此部分收入应按照经营所得计税，无须与工资薪金合并计税。这样一来，刘某全年工资薪金需要缴纳的个人所得税额＝(200 000－40 000－60 000)×10％－2 520＝7 480（元）。

刘某经营所得需要缴纳的个人所得税＝50 000×10％－1 500＝3 500（元）

刘某全年总计缴纳个人所得税＝7 480＋3 500＝10 980（元）

#### 筹划结论

方案二与方案一相比，少缴纳个人所得税 2 100（13 080－10 980）元，因此应选择方案二。

#### 筹划点评

对于高收入者，综合所得的最高税率高达 45％，而经营所得的最高税率仅为 35％，因此，最好注册成立个体工商户，将取得的收入作为经营所得。同时需要注意的是，并非所有的劳动收入均可在综合所得与经营所得之间转换，对于可以转换应税项目的劳动收入，还需要考虑转换成本。

## 五、居民个人综合所得变换为其他收入的纳税筹划

◆税收法律依据

居民个人的综合所得，以每一纳税年度的收入额减除费用 60 000 元以及专项扣除、专项附加扣除和依法确定的其他扣除后的余额，为应纳税所得额，适用 3％至 45％的超额累进税率。经营所得，以每一纳税年度的收入总额减除成本、费用以及损失后的余额，为应纳税所得额，适用 5％至 35％的超额累进税率。财产租赁所得，每次收入不超过 4 000 元的，减除费用 800 元；4 000 元以上的，减除 20％的费用，其余额为应纳税所得额。财产转让所得，以转让财产的收入额减除财产原值和合理费用后的余额，为应纳税所得额。利息、股息、红利所得和偶然所得，每次收入额为应纳税所得额。财产租赁所得，财产转让所得，利息、股息、红利所得和偶然所得适用 20％的比例税率。

由于税法中对各类收入所对应的应纳税所得额和税率规定不同，居民个人可以考虑将综合所得收入项目变换为其他收入形式来降低税负。例如，工资薪金与红利适用的个人所得税税率不同，因此工资薪金与红利所导致的个人所得税和企业所得税税负都是不同的，纳税人可以通过测算比较工资薪金所得与红利所得的税负大小来选择同样的收入以何种形式发放。又如，公司员工可以将自家拥有的汽车租给任职公司，再由公司分配给员工个人使用，公司将员工的一部分工资薪金拿出来用于租赁员工的汽车，这样对于员工而言，收入总额没有变，可以将工资薪金收入转化为租金收入，达到降低个税税负的目的。

**工作案例5-7** 居民个人王某为一家非租车公司员工，2020年年底劳动合同到期，准备重新签订劳动合同，之前王某的月薪为25 000元，其个人汽车在租车市场上的租赁价格为每月3 500元，包含个人负担的各种费用。王某可以仍签订与以前一样的劳动合同，或者王某与公司签订协议，公司租用王某的车，并且租用后把汽车分配给王某使用，月工资改为21 500元，另外王某获得每月租车收入3 500元。王某的全年专项扣除、专项附加扣除和依法确定的其他扣除共计50 000元。请从节税角度分析王某应选择哪种方式。

**筹划思路**

居民个人取得综合所得（劳动所得），按纳税年度合并计算个人所得税（综合计征）；纳税人取得其他所得（非劳动所得），分别计算个人所得税（分项计征）。综合所得（劳动所得）的最高税率是45%，超过其他所得（非劳动所得）20%的税率，因此取得综合所得的高收入群体应当在适当减少综合所得（劳动所得）的同时，增加其他所得（非劳动所得），以便降低个人所得税税负。

**筹划过程**

方案一：王某仍签订与以前一样的劳动合同。

年应纳个人所得税额=(25 000×12−50 000−60 000)×20%−16 920=21 080（元）

方案二：王某将个人汽车租赁给公司，每月取得3 500元租车收入，同时工资薪金收入每月减少为21 500元。

年综合所得应纳个人所得税额=(21 500×12−50 000−60 000)×20%−16 920
=12 680（元）

年租车收入应缴纳的个人所得税额=(3 500−800)×20%×12=6 480（元）

王某缴纳个人所得税额合计=12 680+6 480=19 160（元）

**筹划结论**

王某与公司签订租车协议，将自家的汽车租给公司，公司按月向王某支付租金的方案，比方案一少缴纳个人所得税1 920（21 080−19 160）元。

**筹划点评**

纳税人的收入越高，此种筹划方法的效果就越明显，特别在跨越边际税率的工资薪金范围内尤为有效。需要注意的是：租车的租金必须按照市场价格设定；员工需要携带租车协议和身份证到税务局代开租车发票，公司才能在税前列支该项费用；汽车的固定费用（如保险费、车船税、折旧费等）不能由公司承担；在公司报销的车辆费用必须取得发票。

**拓展阅读**

### 关于工资薪金所得的纳税筹划妙招

**一、收入福利化**

企业一味地增加员工的现金收入，从税收的角度来看并不完全可取。企业可以通过提高员工的福利水平降低其名义工资，从而减少员工的税金支出，达到增加实际收入的目的。常用的方法有以下四种：

（1）为员工提供交通设施。员工上下班一般都要花费一定的交通费，企业可以通过提供免费的接送服务，或者将单位的车租给员工使用，再相应地扣除员工的部分工资予以调整。对企业来讲，当职工支付的税金影响其消费水平时，就要考虑采取加薪措施，加薪必然会引起税收变化，会导致企业支付的金额增加。因此，由企业承担部分费用的做法，往往会使员工、企业双方受益。

（2）为员工提供免费工作餐。企业为员工提供免费工作餐，必须具有不可变现性，即不可转让，不能兑换现金。

（3）为员工提供培训机会。随着知识更新速度的加快，参加各种培训已经成为个人获取知识的重要途径。如果企业每年给予员工一定费用额度的培训机会，员工在考虑个人的报酬总额时，一般也会把这些考虑进去，这样员工也可以在一定程度上减少税收负担。

（4）为员工提供旅游机会。随着人们生活水平的提高，旅游开支已经成为许多家庭必不可少的支出项目。个人支付的旅游支出同样不能抵减个人所得税。但是企业在制订年度员工福利计划时，可以给部分员工及其家属提供旅游机会，而把相应的费用从原打算支付给员工的货币工资及奖励中扣除，使员工在维持同等消费水平的基础上减少了个人所得税的税金支出。当然，企业支付给员工的旅游费用不能在税前扣除，可以考虑从工会会费、公益金中支出。

### 二、设置企业年金

企业年金、职业年金可递延纳税，也属于一种税收优惠。递延纳税是指在年金缴费环节和年金基金投资收益环节暂不征收个人所得税，将纳税义务递延到个人实际领取年金的环节。根据《财政部 人力资源社会保障部 国家税务总局关于企业年金、职业年金个人所得税有关问题的通知》（财税〔2013〕103号）的规定，个人根据国家有关政策规定缴付的年金个人缴费部分，在不超过本人缴费工资计税基数的4%标准内，暂从个人当期的应纳税所得额中扣除；在年金基金投资环节，企业年金或职业年金基金投资收益分配计入个人账户时，暂不征收个人所得税；在年金领取环节，个人达到国家规定的退休年龄领取的企业年金或职业年金，按照工资薪金所得项目适用的税率，计征个人所得税。

企业年金纳税筹划工作案例详见本项目的“引例”。

### 三、将工资薪金收入转化为房屋租金收入

住房是员工生存的必要场所，为住房支付的费用是必需的开支，利用税前收入支付这部分开支能够达到很好的节税效果。若公司员工拥有自有房产，可以与公司签订房屋租赁协议，将房屋租给公司，公司按月向员工支付租金，同时约定每月的水电费、物业管理费等固定费用由公司承担。若员工现居住的房屋为租赁房屋，可以与公司签订转租协议，由公司承担房屋的租金和水电费、物业管理费等固定费用。个人出租住宅、转租住宅只需要按照出租财产项目缴纳个人所得税，若为居民唯一自用住房，则适用税率更低，且采取比例税率，而非综合所得的累进税率。

## 六、居民个人专项附加扣除项目的纳税筹划

◆税收法律依据

专项附加扣除包括以下六项：

（1）子女教育。纳税人的子女接受全日制学历教育的相关支出，按照每个子女每月 1 000 元的标准定额扣除。

（2）继续教育。纳税人在中国境内接受学历（学位）继续教育的支出，在学历（学位）教育期间按照每月 400 元定额扣除。同一学历（学位）继续教育的扣除期限不能超过 48 个月。纳税人接受技能人员职业资格继续教育、专业技术人员职业资格继续教育的支出，在取得相关证书的当年，按照 3 600 元定额扣除。

（3）大病医疗。在一个纳税年度内，纳税人发生的与基本医保相关的医药费用支出，扣除医保报销后个人负担（指医保目录范围内的自付部分）累计超过 15 000 元的部分，由纳税人在办理年度汇算清缴时，在 80 000 元限额内据实扣除。

（4）住房贷款利息。纳税人本人或者配偶单独或者共同使用商业银行或者住房公积金个人住房贷款为本人或者其配偶购买中国境内住房，发生的首套住房贷款利息支出，在实际发生贷款利息的年度，按照每月 1 000 元的标准定额扣除，扣除期限最长不超过 240 个月。纳税人只能享受一次首套住房贷款的利息扣除。

（5）住房租金。纳税人在主要工作城市没有自有住房而发生的住房租金支出，可以按照以下标准定额扣除：

1）直辖市、省会（首府）城市、计划单列市以及国务院确定的其他城市，扣除标准为每月 1 500 元。

2）除第 1）项所列城市以外，市辖区户籍人口超过 100 万的城市，扣除标准为每月 1 100 元；市辖区户籍人口不超过 100 万的城市，扣除标准为每月 800 元。

（6）赡养老人。纳税人赡养一位及以上被赡养人的赡养支出，统一按照以下标准定额扣除：

1）纳税人为独生子女的，按照每月 2 000 元的标准定额扣除。

2）纳税人为非独生子女的，由其与兄弟姐妹分摊每月 2 000 元的扣除额度，每人分摊的额度不能超过每月 1 000 元。可以由赡养人均摊或者约定分摊，也可以由被赡养人指定分摊。约定或者指定分摊的，须签订书面分摊协议，指定分摊优先于约定分摊。具体分摊方式和额度在一个纳税年度内不能变更。

**工作案例 5-8** 李先生和妻子王女士均为居民个人，两人育有一个孩子，正在上小学。李先生 2020 年从任职公司获取税前工资薪金收入共计 120 000 元，2020 年专项扣除和依法确定的其他扣除合计 20 000 元，专项附加扣除只有子女教育这一项符合税法扣除规定。妻子王女士 2020 年从任职公司获取税前工资薪金收入共计 320 000 元，本年专项扣除和依法确定的其他扣除合计 60 000 元，专项附加扣除只有子女教育这一项符合税法扣除规定。李先生夫妻 2020 年无其他收入。请为李先生和王女士进行纳税筹划。

### 筹划思路

居民个人的综合所得，以每纳税年度的收入额减除费用 6 万元以及专项扣除、专项附加扣除和依法确定的其他扣除后的余额，为应纳税所得额。纳税人的子女接受全日制学历教育的相关支出，按照每个子女每月 1 000 元的标准定额扣除。年满 3 岁至小学入学前处于学前教育阶段的子女，按上述规定执行。

受教育子女的父母可以分别按扣除标准的 50%扣除；经父母约定，也可以选择由其中一方按扣除标准的 100%扣除。具体扣除方式在一个纳税年度内不得变更。也就是说，对于父母一方而言，扣除比例有 3 种可能性：0%、50%、100%。

### 筹划过程

方案一：对于子女教育专项附加扣除，选择由李先生一方按扣除标准的 100%扣除。

李先生 2020 年综合所得的应纳税所得额＝120 000－60 000－20 000－1 000×12
＝28 000（元）

李先生 2020 年综合所得的应纳个人所得税＝28 000×3%＝840（元）

王女士 2020 年综合所得的应纳税所得额＝320 000－60 000－60 000＝200 000（元）

王女士 2020 年综合所得的应纳个人所得税＝200 000×20%－16 920＝23 080（元）

李先生夫妻 2020 年综合所得的应纳个人所得税合计＝840＋23 080＝23 920（元）

方案二：对于子女教育专项附加扣除，选择由李先生和王女士双方分别按扣除标准的 50%扣除。

李先生 2020 年综合所得的应纳税所得额＝120 000－60 000－20 000－1 000×12×50%＝34 000（元）

李先生 2020 年综合所得的应纳个人所得税＝34 000×3%＝1 020（元）

王女士 2020 年综合所得的应纳税所得额＝320 000－60 000－60 000－1 000×12×50%＝194 000（元）

王女士 2020 年综合所得的应纳个人所得税＝194 000×20%－16 920＝21 880（元）

李先生夫妻 2020 年综合所得的应纳个人所得税合计＝1 020＋21 880＝22 900（元）

方案三：对于子女教育专项附加扣除，选择由王女士一方按扣除标准的 100%扣除。

李先生 2020 年综合所得的应纳税所得额＝120 000－60 000－20 000＝40 000（元）

李先生 2020 年综合所得的应纳个人所得税＝40 000×10%－2 520＝1 480（元）

王女士 2020 年综合所得的应纳税所得额＝320 000－60 000－60 000－1 000×12
＝188 000（元）

王女士 2020 年综合所得的应纳个人所得税＝188 000×20%－16 920＝20 680（元）

李先生夫妻 2020 年综合所得的应纳个人所得税合计＝1 480＋20 680＝22 160（元）

### 筹划结论

方案三与方案一相比，李先生夫妻二人合计少缴纳个人所得税 1 760（23 920－22 160）元；方案三与方案二相比，李先生夫妻二人合计少缴纳个人所得税 740（22 900－22 160）元，因此应该选择方案三。

筹划点评

对于子女教育专项附加扣除，由于父母可以选择由其中一方按扣除标准的100%扣除，也可以选择由双方分别按扣除标准的50%扣除，因此为纳税人家庭整体提供了纳税筹划的空间。夫妻双方可以选择由综合所得高的一方按扣除标准的100%扣除，这样有可能降低夫妻双方整体的个人所得税税负。

## 七、居民个人股东取得工资薪金所得与红利所得的纳税筹划

◆税收法律依据

居民个人的工资薪金所得和劳务报酬、稿酬、特许权使用费所得合并为综合所得，按纳税年度计算个人所得税。综合所得适用3%至45%的超额累进税率，利息、股息、红利所得适用比例税率，税率为20%。居民个人的综合所得，以每一纳税年度的收入额减除费用60 000元以及专项扣除、专项附加扣除和依法确定的其他扣除后的余额，为应纳税所得额。利息、股息、红利所得以每次收入额为应纳税所得额。

税务机关在对工资薪金进行合理性确认时，可按以下原则掌握：

（1）企业制定了较为规范的员工工资薪金制度。

（2）企业所制定的工资薪金制度符合行业及地区水平。

（3）企业在一定时期所发放的工资薪金是相对固定的，工资薪金的调整是有序进行的。

（4）企业对实际发放的工资薪金，已依法履行了代扣代缴个人所得税义务。

（5）有关工资薪金的安排，不以减少或逃避税款为目的。

**工作案例5-9** 某有限责任公司是由4名股东平均出资成立的，每名股东的持股比例均为25%。2020年度，公司职工人数为50人，全年工资薪金总额为300万元，实现税前利润160万元（已经扣除了50名职工300万元的工资薪金），没有企业所得税纳税调整项目。2020年度，4名股东有3种收入分配方案可供选择：方案一，股东不取得工资薪金，只取得红利。即年终，公司按照2020年税后利润的10%提取法定盈余公积，然后将剩余的利润作为红利全部平均分配给股东。方案二，4名股东取得工资薪金与取得红利相结合。即股东每人全年取得工资薪金12万元，且被税务机关认定为合理的工资薪金支出；年终每人取得红利15（27—12）万元。方案三，股东取得工资薪金，不取得红利。即股东每人全年取得工资薪金27万元，且被税务机关认定为合理的工资薪金支出。2020年，股东每人的专项扣除、专项附加扣除和依法确定的其他扣除合计数均为8万元。股东除了上述所得以外没有其他所得。上述工资薪金均为未扣除个人所得税之前的工资薪金。请从节税角度分析应选择哪个方案。

筹划思路

由于工资薪金与红利适用的个人所得税税率不同以及企业所得税税前、税后列支顺序不同，因此工资薪金与红利所导致的个人所得税和企业所得税税负都是不同的。纳税人可以通过测算比较工资薪金所得与红利所得的税负大小来选择合理的方案。

## 筹划过程

方案一：股东不取得工资薪金，只取得红利。即年终，公司按 2020 年税后利润的 10％提取法定盈余公积，然后将剩余的利润作为红利全部平均分配给股东。

应纳企业所得税＝160×25％＝40（万元）

税后利润＝160－40＝120（万元）

提取法定盈余公积＝120×10％＝12（万元）

可供分配给股东的利润＝120－12＝108（万元）

每个股东取得股利＝108÷4＝27（万元）

4 名股东按利息、股息、红利所得项目应纳个人所得税合计＝27×20％×4＝21.6（万元）

由于 4 名股东不领取工资薪金，因此 4 名股东综合所得的应纳个人所得税为零。

4 名股东的应纳个人所得税合计＝21.6＋0＝21.6（万元）

4 名股东税后净收益合计＝108－21.6＝86.4（万元）

税负总额＝40＋21.6＝61.6（万元）

方案二：股东取得工资薪金与取得红利相结合。即股东每人全年取得工资薪金 12 万元，且被税务机关认定为合理的工资薪金支出；年终 4 名股东每人取得红利 15（27－12）万元。

应纳企业所得税＝(160－12×4)×25％＝28（万元）

税后利润＝160－12×4－28＝84（万元）

提取法定盈余公积＝84×10％＝8.4（万元）

可供分配给股东的利润＝84－8.4＝75.6（万元）

从 75.6 万元中拿出 60 万元发放红利，即 4 名股东每人领取 15 万元的股利。

4 名股东按利息、股息、红利所得项目应纳个人所得税合计＝15×20％×4＝12（万元）

每名股东的工资薪金所得的应纳税所得额＝12－6－8＝－2（万元）

每名股东的综合所得的应纳个人所得税＝0

4 名股东的应纳个人所得税合计＝12＋0＝12（万元）

4 名股东税后净收益合计＝12×4＋60－12＝96（万元）

税负总额＝28＋12＝40（万元）

方案三：股东只取得工资薪金，不取得红利。即股东每人全年取得工资薪金 27 万元，且被税务机关认定为合理的工资薪金支出。

应纳企业所得税＝(160－27×4)×25％＝13（万元）

税后利润＝160－27×4－13＝39（万元）

提取法定盈余公积＝39×10％＝3.9（万元）

可供分配给股东的利润＝39－3.9＝35.1（万元）

由于公司不分配红利，因此 4 名股东按利息、股息、红利所得项目应纳的个人所得税为零。

每名股东的工资、薪金所得的应纳税所得额＝27－6－8＝ 13（万元）

每名股东的综合所得应纳个人所得税＝13×10%－0.252＝1.048（万元）

4名股东的综合所得应纳个人所得税＝1.048×4＝4.192（万元）

4名股东的应纳个人所得税合计＝0＋4.192＝4.192（万元）

4名股东税后净收益合计＝27×4－4.192＝103.808（万元）

税负总额＝13＋4.192＝17.192（万元）

**筹划结论**

方案三与方案二相比，少缴纳企业所得税15（28－13）万元，方案三与方案一相比，少缴纳企业所得税27（40－13）万元；方案三与方案二相比，少缴纳个人所得税7.808（12－4.192）万元，方案三与方案一相比，少缴纳个人所得税17.408（21.6－4.192）万元；方案三比方案二相比，少缴税合计22.808（40－17.192）万元，方案三比方案一相比，少缴税合计44.408（61.6－17.192）万元；方案三与方案二相比，多获取税后净收益7.808（103.808－96）万元，方案三与方案一相比，多获取税后净收益17.408（103.808－86.4）万元。综上，应当选择方案三。

**筹划点评**

通过变换居民个人股东应税所得的形式，可以达到降低个人所得税税负的目的，但要注意发放的工资薪金应当符合税务机关的规定。

## 八、非居民个人增加取得劳务报酬次数的纳税筹划

◆税收法律依据

非居民个人的工资薪金所得，以每月收入额减除费用5 000元后的余额为应纳税所得额；劳务报酬所得、稿酬所得、特许权使用费所得，以每次收入额为应税所得额。劳务报酬所得、稿酬所得、特许权使用费所得以收入减除20%的费用后的余额为收入额。稿酬所得的收入额减按70%计算。非居民个人取得的劳务报酬所得、稿酬所得、特许权使用费所得，属于一次性收入的，以取得该项收入为一次；属于同一项目连续性收入的，以一个月内取得的收入为一次。

非居民个人取得工资薪金所得、劳务报酬所得、稿酬所得和特许权使用费所得，有扣缴义务人的，由扣缴义务人按月或者按次代扣代缴税款，不办理汇算清缴。非居民个人取得工资薪金所得、劳务报酬所得、稿酬所得和特许权使用费所得适用的个人所得税税率如表5-4所示。

**表5-4　非居民个人工资薪金所得、劳务报酬所得、稿酬所得、特许权使用费所得适用的个人所得税税率（按月）**

| 级数 | 应纳税所得额 | 税率（%） | 速算扣除数 |
|---|---|---|---|
| 1 | 不超过3 000元的 | 3 | 0 |
| 2 | 超过3 000元至12 000元的部分 | 10 | 210 |
| 3 | 超过12 000元至25 000元的部分 | 20 | 1 410 |
| 4 | 超过25 000元至35 000元的部分 | 25 | 2 660 |
| 5 | 超过35 000元至55 000元的部分 | 30 | 4 410 |
| 6 | 超过55 000元至80 000元的部分 | 35 | 7 160 |
| 7 | 超过80 000元的部分 | 45 | 15 160 |

**工作案例 5-10** 非居民个人汤姆为英国建筑学家，2020 年应邀到我国提供为期 2 周的建筑设计培训，现有两种培训方案可供选择：方案一，向我国甲公司提供 2 周的培训，可取得税前劳务报酬收入 100 000 元。方案二，向我国 A 公司提供 1 周的培训，可取得税前劳务报酬收入 50 000 元；然后向我国 B 公司提供 1 周的培训，可取得税前劳务报酬收入 50 000 元。假设不考虑增值税因素，汤姆应该选择哪种方案？

### 筹划思路

非居民个人的劳务报酬所得适用七级超额累进税率，因此在总收入一定的情况下，通过增加提供劳务报酬的次数来合理地降低每次收入额，有可能降低适用的个人所得税税率，进而降低个人所得税税负。

### 筹划过程

方案一：向我国甲公司提供 2 周的培训，可取得税前劳务报酬收入 100 000 元。

从甲公司取得的劳务报酬所得的应纳税所得额 =100 000×(1−20%)=80 000（元）

从甲公司取得的劳务报酬所得的应纳个人所得税 =80 000×35%−7 160=20 840（元）

方案二：先向我国 A 公司提供 1 周的培训，可取得税前劳务报酬收入 50 000 元；然后向我国 B 公司提供 1 周的培训，可取得税前劳务报酬收入 50 000 元。

从 A 公司取得的劳务报酬所得的应纳税所得额 =50 000×(1−20%)=40 000（元）

从 A 公司取得的劳务报酬所得的应纳个人所得税 =40 000×30%−4 410=7 590（元）

从 B 公司取得的劳务报酬所得的应纳税所得额 =50 000×(1−20%) =40 000（元）

从 B 公司取得的劳务报酬所得的应纳个人所得税 =40 000×30%−4 410=7 590（元）

从 A 公司和 B 公司取得的劳务报酬所得的应纳个人所得税合计 =7 590+7 590=15 180（元）

### 筹划结论

方案二与方案一相比，少缴纳个人所得税 5 660（20 840−15 180）元，因此应当选择方案二。

### 筹划点评

非居民个人取得的劳务报酬所得分次计算缴纳个人所得税，不按年合并计算纳税，因此在总收入一定的情况下，增加取得劳务报酬所得的次数有可能降低个人所得税的适用税率，从而降低个人所得税税负。但由于居民个人取得综合所得（包括劳务报酬所得）需要按年合并计算个人所得税，因此同样的方法不适用于居民个人。

# 任务四　其他所得的纳税筹划

## 一、利息、股息、红利所得的纳税筹划

◆税收法律依据

根据《个人所得税法》第四条的规定，对个人投资于国债、国家发行的金融债券取得的利息免征个人所得税。根据《财政部 国家税务总局关于储蓄存款利息所得有关个人所得税政策的通知》（财税〔2008〕132 号）的规定，对储蓄存款在 2008 年 10 月 9 日后（含 10 月 9 日）孳生的利息所得，暂免征收个人所得税。

对于求稳型自然人纳税人将资金存入银行、购买国债获得的利息收入均不征收个人所得税，并且国债利率高于一般储蓄利率，甚至和某些投资理财产品收益相当，因此在进行家庭理财规划时，国债不失为一个好选择。

《财政部 国家税务总局 证监会关于上市公司股息红利差别化个人所得税政策有关问题的通知》（财税〔2015〕101 号）规定，自 2015 年 9 月 8 日起，个人从公开发行和转让市场取得的上市公司股票，持股期限超过 1 年的，对股息、红利所得暂免征收个人所得税。

**工作案例 5－11**　张某有一笔闲置资金，共计 1 000 万元，准备购买债券，以求获得稳定的利息。现有两个方案：方案一，购买三年期国债，利率为 4.5%；方案二，购买一家 A 股上市公司公开发行的 B 债券，利率为 6%，也是三年期，到期还本付息，单利计算。请分析张某应选择哪个方案。

**筹划思路**

虽然对国债、国家发行的金融债券、储蓄存款利息等免征个人所得税，但是若投资对象的利率高到一定程度，其税收收益超过免税投资的收入，则应该选择前者；反之，即使债券利率高，税后收益低也不可取，切忌只看税额。

**筹划过程**

方案一：购买国债。

税后利息所得＝1 000×4.5%×3＝135（万元）

方案二：购买 B 债券。

税后利息所得＝1 000×6%×3×(1－20%)＝144（万元）

**筹划结论**

方案二与方案一相比，多获得税后收益 9（144－135）万元，因此应当选择方案二。

**筹划点评**

从本案例来看，购买公司债券收益高于购买国债，这是因为当公司债券利率大于 4.5%/(1－20%) 时，高利率带来的收益，即使征税后，也会高于投资国债的收益，此时，就应该购买 B 债券了。

### 拓展阅读

**股息、红利的计税规定**

个人从公开发行和转让市场取得的上市公司股票，持股期限在1个月以内（含1个月）的，其股息、红利所得全额计入应纳税所得额；持股期限在1个月以上至1年（含1年）的，暂减按50%计入应纳税所得额。上述所得统一适用20%的税率计征个人所得税。

上市公司派发股息、红利时，对个人持股1年以内（含1年）的，上市公司暂不扣缴个人所得税；待个人转让股票时，证券登记结算公司根据其持股期限计算应纳税额，由证券公司等股份托管机构从个人资金账户中扣收并划付证券登记结算公司，证券登记结算公司应于次月5个工作日内划付上市公司，上市公司在收到税款当月的法定申报期内向主管税务机关申报缴纳。

上市公司派发股息、红利，股权登记日在2015年9月8日之后的，按照上述规定执行。2015年9月8日（含）之前个人投资者已持有的上市公司股票，其持股时间自取得之日起计算。

国家此项政策旨在减少投机行为，规范股市交易，通过对持股期限超过1年的股息、红利所得暂免征收个人所得税，鼓励投资者进行长期投资。因此，投资者应该尽量延长投资时间至1年以上，以减少个人所得税额。

## 二、财产转让所得中个人捐赠的纳税筹划

◆税收法律依据

财产转让所得，以转让财产的收入额减除财产原值和合理费用后的余额为应纳税所得额。财产转让所得适用比例税率，税率为20%。

与个人捐赠相关的税收政策如下：

（1）个人不通过公益性社会团体和国家有关部门，而是直接向受灾对象的捐赠，捐赠额不能在个人所得税税前扣除。

（2）个人将其所得对教育、扶贫、济困等公益慈善事业进行捐赠，捐赠额未超过纳税人申报的应纳税所得额30%的部分，可以从其应纳税所得额中扣除。捐赠扣除限额的计算公式如下：

捐赠扣除限额＝应纳税所得额×30%

允许扣除的捐赠额的确定方法为：如果实际捐赠额大于捐赠限额，则以捐赠限额作为允许扣除的捐赠额；如果实际捐赠额小于或者等于捐赠限额，则以实际捐赠额作为允许扣除的捐赠额（此处运用了孰低原则）。应纳个人所得税的计算公式为：

应纳个人所得税＝(应纳税所得额－允许扣除的捐赠额)×适用税率－速算扣除数

（3）个人将其所得通过非营利性的社会团体和国家机关向红十字公益事业等进行捐赠，在缴纳个人所得税前准予全额扣除。应纳个人所得税的计算公式如下：

应纳个人所得税＝(应纳税所得额－全部捐赠额)×适用税率－速算扣除数

**工作案例 5-12** 居民个人刘某于2019年5月转让私有住房一套，取得转让收入500 000元，同时将其中的100 000元用于捐赠。该套住房购进时的原价为300 000元，转让时支付有关税费30 000元。请对上述业务进行纳税筹划。

**筹划思路**

个人选择捐赠方式时，应该优先选择通过非营利性的社会团体和国家机关向红十字公益事业等进行捐赠，可以全额在税前扣除；其次是选择通过非营利性的社会团体和国家机关进行公益性捐赠，可以在捐赠限额内税前扣除。不建议选择直接捐赠的方式，因为捐赠额不得在税前扣除。

**筹划过程**

方案一：直接捐赠100 000元。此时，捐赠额不能在个人所得税前扣除。

应纳个人所得税＝(500 000－300 000－30 000)×20%＝34 000（元）

方案二：通过中国境内的社会团体、国家机关对教育、扶贫、济困等公益慈善事业捐赠100 000元。此时，捐赠额在缴纳个人所得税前限额扣除。

允许在个人所得税前扣除的捐赠限额＝(500 000－300 000－30 000)×30%
＝51 000（元）

实际捐赠额（100 000元）大于捐赠限额（51 000元），只能按捐赠限额作为允许扣除的捐赠额计算应纳个人所得税。

应纳个人所得税＝(500 000－300 000－30 000－51 000)×20%＝23 800（元）

方案三：个人将其所得通过非营利性的社会团体和国家机关向红十字公益事业等捐赠100 000元。此时，捐赠额在缴纳个人所得税前准予全额扣除。

应纳个人所得税＝(500 000－300 000－30 000－100 000)×20%＝14 000（元）

**筹划结论**

方案三与方案二相比，少缴纳个人所得税9 800（23 800－14 000）元，方案三与方案一相比，少缴纳个人所得税20 000（34 000－14 000）元，因此应当选择方案三。

**筹划点评**

从节税角度，个人在选择捐赠对象时，优先选择通过非营利性的社会团体和国家机关向红十字公益事业等进行捐赠，其次选择通过非营利性的社会团体和国家机关进行公益性捐赠；最后选择直接向捐赠对象捐赠。

## 三、财产转让所得中拍卖财产的纳税筹划

◆税收法律依据

根据《国家税务总局关于加强和规范个人取得拍卖收入征收个人所得税有关问题的通知》（国税发〔2007〕38号）的规定，个人拍卖除文字作品原稿及复印件以外的其他财产，如瓷器、玉器、珠宝、邮品、钱币、古籍和古董等物品，应以其转让收入额减除财产原值和合理费用后的余额为应纳税所得额，按照“财产转让所得”项目适用20%的税率缴纳个人所得税。

在对个人财产拍卖所得征收个人所得税时，以该项财产最终拍卖成交价格为其转让收入额，纳税人凭合法有效凭证，如税务机关监制的正式发票、相关境外交易单据或海关报关单据、完税证明等，可从其转让收入额中减除相应的财产原值、拍卖财产过程中缴纳的税金及有关合理费用作为应纳税所得额。如果纳税人不能提供合法、完整、准确的财产原值凭证（包括提供的财产原值凭证内容填写不规范，或者一份财产原值凭证包括多件拍卖品且无法确认每件拍卖品对应的原值），不能正确计算财产原值的，则按转让收入额乘以3%的征收率计算缴纳个人所得税。

此外，国家税务总局还进一步针对个人取得房屋拍卖收入征收个人所得税问题做出了明确规定，即个人通过拍卖市场取得的房屋拍卖收入在计征个人所得税时，其房屋原值应按照纳税人提供的合法、完整、准确的凭证予以扣除；不能提供完整、准确的房屋原值凭证，不能正确计算房屋原值和应纳税额的，统一按转让收入全额的3%计算缴纳个人所得税。

**工作案例 5-13** 2020年11月8日，李先生通过拍卖市场拍卖了一套位于北京市海淀区的住房，最终拍卖成交价格为900万元。在拍卖过程中，李先生一共支付相关税金和费用50万元。该套住房购置于20世纪90年代，当时的购买价格为200万元，购房发票及相关凭证均保存完好。请为李先生进行纳税筹划。

**筹划思路**

个人通过拍卖市场取得的房屋拍卖收入在计征个人所得税时，其房屋原值应按照纳税人提供的合法、完整、准确的凭证予以扣除。

**筹划过程**

筹划前：李先生按照应纳税所得额适用20%的税率计算个人所得税。

应纳个人所得税＝(900－200－50)×20%＝130（万元）

筹划后：选择按转让收入全额的3%计算缴纳个人所得税。

应纳个人所得税＝900×3%＝27（万元）

**筹划结论**

筹划后与筹划前相比，李先生可少缴纳个人所得税103（130－27）万元。

**筹划点评**

对于个人通过拍卖市场取得的财产拍卖所得适用“财产转让所得”项目计征个人所得税，存在两种计算方法：一种是按照应纳税所得额适用20%的税率；另一种是按照转让收入额适用3%的征收率。这两种计算方法计算的应纳税额往往会存在很大差异。

## 四、偶然所得临界点的纳税筹划

◆税收法律依据

偶然所得，以每次收入额为应纳税所得额。偶然所得适用比例税率，税率为20%。对个人购买福利彩票、赈灾彩票、体育彩票，一次中奖收入在1万元（含1万元）以下的，暂免征收个人所得税；超过1万元的，全额征收个人所得税。

**工作案例 5-14** 发行体育彩票和社会福利有奖募捐的某单位在设立奖项时，有以下两种方案可供选择：

方案一：只设置 5 个奖项，每个奖项中奖额为 12 000 元。

方案二：设置一等奖 5 个，每个中奖额为 10 000 元；同时设置二等奖 5 个，每个中奖额为 2 000 元。

该单位应选择哪种方案？请对其进行纳税筹划。

**筹划思路**

发行体育彩票和社会福利有奖募捐的单位在设立奖项金额时，应该考虑相关个人所得税的税收政策，尽量避免单项中奖金额刚刚超过 1 万元的情况，而应将单项中奖金额控制在 1 万元以下（含 1 万元），从而使纳税人享受免税待遇。

**筹划过程**

方案一：只设置 5 个奖项，每个中奖额为 12 000 元。

应纳个人所得税合计＝12 000×20%×5＝12 000（元）

税后净收益＝12 000×5－12 000＝48 000（元）

方案二：设置一等奖 5 个，每个中奖额为 10 000 元；同时设置二等奖 5 个，每个中奖额为 2 000 元。由于中奖收入均没有超过 1 万元，故无须缴纳个人所得税。

税后收入＝10 000×5＋2 000×5＝60 000（元）

**筹划结论**

方案二与方案一相比，少缴纳个人所得税 12 000（12 000－0）元，多获取税后收入 12 000（60 000－48 000）元，因此，该单位应当选择方案二。

**筹划点评**

发行体育彩票和社会福利有奖募捐的单位在设立奖项时，只有当奖金超出 1 万元并达到一定数额时，获奖者的税后所得才会超过 1 万元。如果奖金设为 10 000～12 500 元，税后收入反而会低于 10 000 元。因此，发行体育彩票和社会福利有奖募捐的单位在设立奖项时，应当考虑税收政策的规定，要么小于或等于 10 000 元，要么超过 12 500 元。

**拓展阅读**

## 股票期权的纳税筹划

股票期权是企业授予高级管理人员的一种权利，持有人可以在规定的时间内以股票期权的施权价购买本公司股票，这个过程叫作“行权”。行权之前，股票期权持有人没有任何现金收益；行权之后，个人收入为施权价与行权日市价之间的差价。

居民个人取得股票期权、股票增值权、限制性股票、股权奖励等股权激励（以下简称股权激励），符合相关税法规定的，在 2021 年 12 月 31 日前，不并入当年综合所得，全额单独适用综合所得税率计算纳税。计算公式为：

应纳税额＝股权激励收入×适用税率－速算扣除数

2022 年 1 月 1 日之后的股权激励政策另行明确。

员工接受实施股票期权计划企业授予的股票期权时，一般不作为应税所得征税。员工行权时，其从企业取得股票的实际购买价（施权价）低于购买日公平市场价（指该股票当日的收盘价，下同）的差额，是员工基于在企业中的表现和业绩情况而取得的与任职、受雇有关的所得，应按工资薪金所得项目适用的规定计算缴纳个人所得税。员工在行权日之前将股票期权转让的，以股票期权的转让净收入作为工资薪金所得征收个人所得税。

员工将行权后的股票再转让时获得的高于购买日公平市场价的差额，是因个人在证券二级市场上转让股票等有价证券的所得，应按照财产转让所得项目适用的免征规定计算缴纳个人所得税。但是鉴于目前对个人投资者在二级市场上买卖境内上市公司流通股的所得暂不征收个人所得税，因此，如果行权所获得的股权是流通股，则其通过二级市场获得的转让所得暂免征收个人所得税。员工因拥有股权而参与企业税后利润分配取得的所得，应按照利息、股息、红利所得项目适用的规定计算缴纳个人所得税。

## 【能力训练】

### 一、单项选择题

1. 在中国境内有住所，或者无住所而一个纳税年度内在中国境内居住累计满（　　）天的个人，为居民个人。

A. 30　　B. 90　　C. 183　　D. 365

2. 个人需要办理汇算清缴的，应当在取得所得的（　　）办理。

A. 次年 1 月 1 日至 5 月 31 日内　　B. 次年 1 月 1 日至 6 月 30 日内

C. 次年 3 月 1 日至 5 月 31 日内　　D. 次年 3 月 1 日至 6 月 30 日内

3. 纳税人取得经营所得，按年计算个人所得税，由纳税人在月度或者季度终了后 15 日内向税务机关报送纳税申报表，并预缴税款；在取得所得的次年（　　）前办理汇算清缴。

A. 3 月 31 日　　B. 4 月 30 日

C. 5 月 31 日　　D. 6 月 30 日

4. 居民个人综合所得适用（　　）的超额累进税率。

A. 3%～35%　　B. 3%～45%

C. 5%～35%　　D. 5%～45%

5. 纳税人在中国境内接受学历（学位）继续教育的支出，在学历（学位）继续教育期间按照每月（　　）元定额扣除。同一学历（学位）继续教育的扣除期限不能超过 48 个月。

A. 300　　B. 400　　C. 600　　D. 800

6. 2019 年，居民个人王某获取税前工资薪金收入合计 200 000 元，业余兼职取得税前劳务报酬收入 50 000 元，业余出版专业图书取得税前稿酬收入 20 000 元，转让专利使用权取得税前特许权使用费收入 10 000 元。王某本年专项扣除、专项附加扣除和依法确定的其他扣除合计 60 000 元。王某本年综合所得应纳个人所得税为（　　）元。

A. 9 800　　B. 11 400　　C. 12 800　　D. 13 400

7. 个人出售房产时，为降低税收负担，应该选择（　　）。

A. 持有房产 1 年以上　　B. 持有房产 2 年以上

C. 持有房产 3 年以上　　D. 持有房产 5 年以上

8. 股息、利息、红利所得以（　　）为应纳税所得额。

A. 每年收入额　　B. 每季度收入额

C. 每次收入额　　D. 每月收入额

9. 当个人用于捐赠的资金数额超过个人所得税有关扣除限额时，可以通过（　　）实现纳税筹划。

A. 申请延期纳税

B. 在捐赠之前向有关税务机关申请免税

C. 提前计算下期收入以提高捐赠限额

D. 分期捐赠

**二、多项选择题**

1. 根据现行税法的规定，下列个人所得中，可以免征个人所得税的有（　　）。

A. 利息

B. 个人转让自用达 5 年以上，并且是唯一的家庭生活用房取得的所得

C. 个人获得的商业保险赔款

D. 外籍个人从外商投资企业取得的股息、红利所得

2. 下列各项中，以取得的收入为应纳税所得额直接计征个人所得税的有（　　）。

A. 红利所得　　B. 偶然所得

C. 股息所得　　D. 财产转让所得

3.《个人所得税法》中规定的综合所得包括（　　）。

A. 工资薪金所得　　B. 劳务报酬所得

C. 稿酬所得　　D. 特许权使用费所得

4. 五级超额累进税率不适用于（　　）。

A. 经营所得　　B. 工资薪金所得

C. 劳务报酬所得　　D. 财产租赁所得

5. 降低个人所得税税负的途径有（　　）。

A. 尽量均衡各年度的综合所得

B. 个人的任职单位在限额内允许提取的职工福利费一定要全部提取

C. 将个人的部分收入转变为单位福利

D. 员工私家车加油时索要以公司为抬头的发票，然后以此发票到公司报销

**三、判断题**

1. 对个人购买福利彩票、赈灾彩票和体育彩票，一次中奖收入在 1 万元以下（含 1 万

元）的，暂免征收个人所得税；超过1万元，按差额征收个人所得税。（　　）

2. 个人独资企业和合伙企业投资者均是个人所得税的纳税义务人。（　　）

3. 自2008年10月9日起，对储蓄存款利息所得暂免征收个人所得税。（　　）

4. 个人购买国债和国家发行的金融债券所取得的利息，免征个人所得税；企业购买国债和国家发行的金融债券所取得的利息，免征企业所得税。（　　）

5. 按照国家统一规定发给干部、职工的安家费、退职费、基本养老金或者退休费、离休费、离休生活补助费，免征个人所得税。（　　）

**四、案例分析题**

1. 居民个人王某对三年内取得的劳务报酬收入有两种方案可供选择：方案一，2018年不工作，休息一年；2019年工作，取得税前劳务报酬收入200 000元；2020年工作，取得税前劳务报酬收入300 000元。方案二，2018年工作，取得税前劳务报酬收入100 000元；2019年工作，取得税前劳务报酬收入200 000元；2020年工作，取得税前劳务报酬收入200 000元。假设王某2018年、2019年、2020年专项扣除、专项附加扣除和依法确定的其他扣除合计数均为50 000元。这三年均无其他收入。假设不考虑增值税因素。请分析王某应选择哪个方案。

2. 居民个人李某2020年为我国境内某公司提供技术服务，若与该公司签订的是劳务合同，则王某预计全年可取得税前劳务报酬收入300 000元；若与该公司签订的是劳动合同，则王某预计全年可取得税前工资薪金收入300 000元。2020年王某的专项扣除、专项附加扣除和依法确定的其他扣除合计60 000元。假设王某2020年没有其他收入，并且无论确定何种用工关系，对企业和个人的其他方面都不产生影响，同时不考虑增值税因素。请确定王某应该与公司签订哪种合同。

# 项目六　其他税种纳税筹划

**【知识目标】**

1. 了解印花税税法要素的基本知识；
2. 熟悉印花税纳税筹划的基本思路；
3. 了解契税税法要素的基本知识；
4. 熟悉契税纳税筹划的基本思路；
5. 了解城镇土地使用税税法要素的基本知识；
6. 熟悉城镇土地使用税纳税筹划的基本思路；
7. 了解车辆购置税税法要素的基本知识；
8. 熟悉车辆购置税纳税筹划的基本思路；
9. 了解关税税法要素的基本知识；
10. 熟悉关税纳税筹划的基本思路。

**【能力目标】**

1. 掌握印花税主要筹划手段和方式；
2. 掌握契税主要筹划手段和方式；
3. 掌握城镇土地使用税主要筹划手段和方式；
4. 掌握车辆购置税主要筹划手段和方式；
5. 掌握关税主要筹划手段和方式。

**【素质目标】**

培养依法纳税、诚信纳税意识。

**【重点难点】**

能够灵活运用各种纳税筹划方法对印花税、契税、城镇土地使用税、车辆购置税、关税进行筹划，从而达到节税的目的。

## 任务一　印花税的纳税筹划

**【引例】**

A公司曾与某技术服务公司签订技术合同，技术服务费金额较高，每年达500万元。如签订合同时明确规定技术服务费为500万元，则需按技术服务合同金额的万分之三税率计征印花税，其计算如下：应纳税额＝5 000 000×0.03％＝1 500（元）。

【要求】请对上述业务进行纳税筹划。

【引例解析】如果订立技术服务合同条款中规定每天的技术服务费为13 800元，不具体确定技术服务合同的执行时限，企业只需先缴纳5元的印花税，余下部分的印花税等到结算时才缴纳，这样获取了资金时间价值，从而达到了节省税款的目的。

【筹划点评】通过不具体确定技术服务合同的执行时限，可达到延期纳税的目的，但是可能在执行合同的过程存在风险，企业应综合考虑，仔细权衡。

## 一、印花税税法要素

### （一）纳税义务人

在中华人民共和国境内书立应税凭证、进行证券交易的单位和个人，为印花税的纳税人，应当依照我国《印花税法》的规定缴纳印花税。

在中华人民共和国境外书立在境内使用的应税凭证的单位和个人，应当依照《印花税法》的规定缴纳印花税。

所称单位和个人，是指国内各类企业、事业、机关、团体、部队以及中外合资企业、合作企业、外资企业、外国公司和其他经济组织及其在华机构等单位和个人。

上述单位和个人，按照书立、使用、领受应税凭证的不同，可以分别确定为立合同人、立据人、立账簿人、领受人、使用人和各类电子应税凭证的签订人。

### （二）税目、税率

根据我国《印花税法》（自2022年7月1日起施行）的规定，印花税的税目、税率如表6-1所示。

**表6-1　印花税税目税率表**

| 税目 | | 税率 | 备注 |
|---|---|---|---|
| 合同（指书面合同） | 借款合同 | 借款金额的万分之零点五 | 指银行业金融机构、经国务院银行业监督管理机构批准设立的其他金融机构与借款人（不包括同业拆借）的借款合同 |
| | 融资租赁合同 | 租金的万分之零点五 | |
| | 买卖合同 | 价款的万分之三 | 指动产买卖合同（不包括个人书立的动产买卖合同） |
| | 承揽合同 | 报酬的万分之三 | |
| | 建设工程合同 | 价款的万分之三 | |
| | 运输合同 | 运输费用的万分之三 | 指货运合同和多式联运合同（不包括管道运输合同） |
| | 技术合同 | 价款、报酬或者使用费的万分之三 | 不包括专利权、专有技术使用权转让书据 |
| | 租赁合同 | 租金的千分之一 | |
| | 保管合同 | 保管费的千分之一 | |
| | 仓储合同 | 仓储费的千分之一 | |
| | 财产保险合同 | 保险费的千分之一 | 不包括再保险合同 |

续表

| 税目 | | 税率 | 备注 |
|---|---|---|---|
| 产权转移数据 | 土地使用权出让书据 | 价款的万分之五 | 转让包括买卖（出售）、继承、赠予、互换、分割 |
| | 土地使用权、房屋等建筑物和构筑物所有权转让书据（不包括土地承包经营权和土地经营权转移） | 价款的万分之五 | |
| | 股权转让书据（不包括应缴纳证券交易印花税的） | 价款的万分之五 | |
| | 商标专用权、著作权、专利权、专有技术使用权转让书据 | 价款的万分之三 | |
| 营业账簿 | | 实收资本（股本）、资本公积合计金额的万分之二点五 | |
| 证券交易 | | 成交金额的千分之一 | |

（三）应纳税额的计算

1. 计税依据的一般规定

印花税的计税依据为各种应税凭证上所记载的计税金额。具体规定为：

（1）应税合同的计税依据，为合同所列的金额，不包括列明的增值税税款。

（2）应税产权转移书据的计税依据，为产权转移书据所列的金额，不包括列明的增值税税款。

（3）应税营业账簿的计税依据，为账簿记载的实收资本（股本）、资本公积合计金额。

（4）证券交易的计税依据为成交金额。

2. 计税依据的特殊规定

（1）应税合同、应税产权转移书据未列明金额的，印花税的计税依据按照实际结算金额确定。计税依据仍不能确定的，按照书立合同、产权转移书据时的市场价格确定；依法应当执行政府定价或者政府指导价的，按照国家有关规定确定。

（2）证券交易无转让价格的，按照办理过户登记手续时该证券前一个交易日收盘价计算确定计税依据；无收盘价的，按照证券面值计算确定计税依据。

（3）印花税的应纳税额按照计税依据乘以适用税率计算。

（4）同一应税凭证载有两个以上税目事项并分别列明金额的，按照各自适用的税目税率分别计算应纳税额；未分别列明金额的，从高适用税率。

（5）同一应税凭证由两方以上当事人书立的，按照各自涉及的金额分别计算应纳税额。

（6）已缴纳印花税的营业账簿，以后年度记载的实收资本（股本）、资本公积合计金额比已缴纳印花税的实收资本（股本）、资本公积合计金额增加的，按照增加部分计算应纳税额。

3. 应纳税额的计算方法

纳税人印花税的应纳税额，根据应纳税凭证的性质，按比例税率计算，其计算公式为：

应纳税额＝应税凭证计税金额×适用税率

（四）免税项目

下列凭证免征印花税：

（1）应税凭证的副本或者抄本。

（2）依照法律规定应当予以免税的外国驻华使馆、领事馆和国际组织驻华代表机构为获得馆舍书立的应税凭证。

（3）中国人民解放军、中国人民武装警察部队书立的应税凭证。

（4）农民、家庭农场、农民专业合作社、农村集体经济组织、村民委员会购买农业生产资料或者销售农产品书立的买卖合同和农业保险合同。

（5）无息或者贴息借款合同、国际金融组织向中国提供优惠贷款书立的借款合同。

（6）财产所有权人将财产赠予政府、学校、社会福利机构、慈善组织书立的产权转移书据。

（7）非营利性医疗卫生机构采购药品或者卫生材料书立的买卖合同。

（8）个人与电子商务经营者订立的电子订单。

根据国民经济和社会发展的需要，国务院对居民住房需求保障、企业改制重组、破产、支持小型微利企业发展等情形可以规定减征或者免征印花税，报全国人民代表大会常务委员会备案。

（五）征收管理

1. 纳税地点

纳税人为单位的，应当向其机构所在地的主管税务机关申报缴纳印花税；纳税人为个人的，应当向应税凭证书立地或者纳税人居住地的主管税务机关申报缴纳印花税。不动产产权发生转移的，纳税人应当向不动产所在地的主管税务机关申报缴纳印花税。

纳税人为境外单位或者个人，在境内有代理人的，以其境内代理人为扣缴义务人；在境内没有代理人的，由纳税人自行申报缴纳印花税，具体办法由国务院税务主管部门规定。

证券登记结算机构为证券交易印花税的扣缴义务人，应当向其机构所在地的主管税务机关申报解缴税款以及银行结算的利息。

2. 纳税义务发生时间

印花税的纳税义务发生时间为纳税人书立应税凭证或者完成证券交易的当日；证券交易印花税扣缴义务发生时间为证券交易完成的当日。

3. 纳税期限

印花税按季度、按年或者按次计征。实行按季度、按年计征的，纳税人应当自季度、年度终了之日起 15 日内申报缴纳税款；实行按次计征的，纳税人应当自纳税义务发生之日起 15 日内申报缴纳税款。

证券交易印花税按周解缴。证券交易印花税扣缴义务人应当自每周终了之日起 5 日内申报解缴税款以及银行结算的利息。

4. 纳税方法

印花税可以采用粘贴印花税票或者由税务机关依法开具其他完税凭证的方式缴纳。印花税票粘贴在应税凭证上的，由纳税人在每枚税票的骑缝处盖戳注销或者划销。印花税票由国务院税务主管部门监制。

## 二、印花税的纳税筹划思路

### （一）利用分项核算进行纳税筹划

一个合同如果涉及若干项经济业务，应当分别核算各项业务的金额，因为业务类型不同，适用的印花税税率也不同。税法明确规定，同一凭证载有两个或两个以上经济事项而适用不同的税目税率，如分别记载金额，应分别计算应纳税额，相加后按合计税额贴花；如未分别记载金额，按税率较高的计税贴花。

**工作案例 6-1** 2021 年甲企业与乙企业签订一项合同，合同约定甲企业负责一批货物的仓储和运输业务，甲收取费用共计 300 万元，其中仓储费 200 万元，运输费 100 万元。请对甲企业进行纳税筹划。

**筹划思路**

分别按“仓储合同”“运输合同”两个项目计税，避免从高适用税率。

**筹划过程**

方案一：合同记载甲企业收取费用共计 300 万元。

应纳印花税＝300×3‰＝0.9（万元）

方案二：合同分别记载仓储费为 200 万元，运输费为 100 万元。

应纳印花税＝200×1‰＋100×3‰＝0.5（万元）

**筹划结论**

方案二与方案一相比，少缴纳印花税 0.4（0.9－0.5）万元，因此，甲企业应当选择方案二。

**筹划点评**

在订立合同时将适用不同税率的项目分别记载金额，分别计算应纳税额，可避免从高计税，从而达到节税的目的。

### （二）利用不同借款方式进行纳税筹划

根据规定，银行和其他金融机构与借款人所签订的合同，以及只填开借据并作为合同使用取得银行借款的借据，应按照“借款合同”项目缴纳印花税，而企业之间签订的借款合同不需要贴花。因此，如果向银行和其他金融机构借款与向企业借款的利率是相同的，则向企业借款可节税。

**工作案例 6-2** 方特公司欲借款 30 000 万元，现有两个借款方案可供选择：方案一，从乙商业银行借款；方案二，从关系较好的丙企业借款。假设借款年利率均为 6%，其他借款条件都一样。请从节税角度分析方特公司应选择哪种方案。

筹划思路

利用“企业之间签订的借款合同不需要贴花”这一税收优惠进行纳税筹划。

筹划过程

方案一：从乙商业银行借款。

方特公司需缴纳印花税＝30 000×0.05‰＝1.5（万元）

方案二：从丙企业借款。方特公司无须缴纳印花税。

筹划结论

方案二与方案一相比，少缴纳印花税1.5万元，因此，方特公司应当选择方案二。

筹划点评

企业选择借款方案时，不能单独考虑印花税税负的因素，还用考虑贷款利率等其他因素。

### （三）利用不确定金额和保守金额进行纳税筹划

签订经济合同时，常常遇到计税金额无法确定的情况。我国《印花税法》规定，有些合同在签订时无法确定计税金额，如技术转让合同中的转让收入，是按销售收入的一定比例收取或按实现利润多少进行分成的；财产租赁合同，只是规定了月（天）租金标准而无租赁期限。对这类合同，签订时先按5元缴税，以后实际执行时再按实际金额计税，补缴差额印花税。

这样就有了纳税筹划的空间：在签订金额较大的合同时，可有意识地使合同中所载金额不能明确，从而在签订时先按定额5元贴花，以达到少缴纳或者晚缴纳印花税税款目的。

## 任务二　契税的纳税筹划

**【引例】**

金信公司有一块土地，价值3 000万元，拟出售给南方公司，然后从南方公司购买其另外一块价值3 000万元的土地。双方签订土地销售与购买合同后，金信公司应缴纳契税＝3 000×4%＝120（万元），南方公司应缴纳契税＝3 000×4%＝120（万元）。

**【要求】**请对上述业务进行纳税筹划。

**【引例解析】**

根据《中华人民共和国契税法》的规定，土地使用权、房屋交换，契税的计税依据为所交换的土地使用权、房屋的价格差额，由多交付货币、实物、无形资产或其他经济利益的一方缴纳税款，交换价格相等的，免征契税。

根据上述文件对于免征契税的规定，纳税筹划方案如下：金信公司与南方公司改变合同订立方式，签订土地使用权交换合同，约定以3 000万元的价格等价交换双方土地。根据《中华人民共和国契税法》的规定，金信公司和南方公司各自免征契税120万元。

**【筹划点评】**利用税种的具体规定或优惠条件，可减轻税负或延期纳税，最终达到节税的目的。

## 一、契税税法要素

### （一）纳税义务人

契税的纳税义务人是指在境内转移土地、房屋权属，承受的单位和个人。境内是指中华人民共和国实际税收行政管辖范围内。土地、房屋权属是指土地使用权和房屋所有权。单位是指企业单位、事业单位、国家机关、军事单位和社会团体以及其他组织。个人是指个体经营者及其他个人，包括中国公民和外籍人员。

### （二）征税范围

契税的征税对象是境内转移的土地、房屋权属，具体包括以下内容：

（1）国有土地使用权出让。国有土地使用权出让是指土地使用者向国家交付土地使用权出让费用，国家将国有土地使用权在一定年限内让与土地使用者的行为。

（2）土地使用权的转让。土地使用权的转让是指土地使用者以出售、赠予、交换或者其他方式将土地使用权转移给其他单位和个人的行为。土地使用权的转让不包括农村集体土地承包经营权的转移。

（3）房屋买卖。即以货币为媒介，出卖者向购买者过渡房产所有权的交易行为。以下几种特殊情况，视同买卖房屋：

1）以房产抵债或实物交换房屋。

2）以房产作为投资或作为股权进行转让。

3）买房拆料或翻建新房，应照章征收契税。

例如，甲购买乙的房产，不论其目的是取得该房产的建筑材料或是翻建新房，实际均构成房屋买卖。甲应首先办理房屋产权变更手续，并按买价缴纳契税。

（4）房屋赠予。房屋的受赠人要按规定缴纳契税。

（5）房屋互换。

（6）承受国有土地使用权支付的土地出让金。对承受国有土地使用权所应支付的土地出让金，要计征契税。不得因减免土地出让金而减免契税。

### （三）税率

契税实行3%～5%的幅度税率。各省、自治区、直辖市人民政府可以在3%～5%的幅度税率规定范围内，按照本地区的实际情况确定。

### （四）应纳税额的计算

1. 计税依据

契税的计税依据为不动产的价格。由于土地、房屋权属转移方式不同，定价方法不同，因而具体计税依据视不同情况而确定。

（1）国有土地使用权出让、土地使用权转让、房屋买卖，以成交价格为计税依据。成交价格是指土地、房屋权属转移合同确定的价格，包括承受者应交付的货币、实物、无形资产或者其他经济利益。

（2）土地使用权赠予、房屋赠予，由征收机关参照土地使用权转让、房屋买卖的市场价格核定。

（3）土地使用权交换、房屋交换，为所交换的土地使用权、房屋的价格差额。也就是说，当交换价格相等时，免征契税；当交换价格不等时，由多交付货币、实物、无形资产或者其他经济利益的一方缴纳契税。

（4）以划拨方式取得土地使用权，经批准转让房地产时，由房地产转让者补交契税。计税依据为补交的土地使用权出让费用或者土地收益。

为了避免偷逃税款，税法规定，成交价格明显低于市场价格并且无正当理由的，或者所交换土地使用权、房屋的价格差额明显不合理并且无正当理由的，征收机关可以参照市场价格核定计税依据。

（5）房屋附属设施征收契税的依据：

1）采取分期付款方式购买房屋附属设施土地使用权、房屋所有权的，应按合同规定的总价款计征契税。

2）承受的房屋附属设施权属如为单独计价的，按照当地确定的适用税率征收契税；如与房屋统一计价，适用与房屋相同的契税税率。

（6）个人无偿赠予不动产行为（法定继承人除外），应对受赠人全额征收契税。

2. 应纳税额的计算方法

契税采用比例税率。当计税依据确定以后，应纳税额的计算比较简单。其计算公式为：

应纳税额＝计税依据×税率

### （五）税收优惠

（1）国家机关、事业单位、社会团体、军事单位承受土地、房屋用于办公、教学、医疗、科研和军事设施的，免征契税。

（2）城镇职工按规定第一次购买公有住房，免征契税。此外，自 2000 年 11 月 29 日起，对各类公有制单位为解决职工住房而采取集资建房方式建成的普通住房，或由单位购买的普通商品住房，经当地县级以上人民政府房改部门批准、按照国家房改政策出售给本单位职工的，如属于职工首次购买住房，均可免征契税。

对个人购买普通住房，且该住房属于家庭（成员范围包括购房人、配偶以及未成年子女）唯一住房的，减半征收契税。对个人购买 90 平方米及以下普通住房，且该住房属于家庭唯一住房的，减按 1%税率征收契税。

（3）因不可抗力灭失住房而重新购买住房的，酌情减免。不可抗力是指自然灾害、战争等不能预见、不可避免并不能克服的客观情况。

（4）土地、房屋被县级以上人民政府征用、占用后，重新承受土地、房屋权属的，由省级人民政府确定是否减免。

（5）承受荒山、荒沟、荒丘、荒滩土地使用权，并用于农、林、牧、渔业生产的，免征契税。

（6）经外交部确认，依照我国有关法律规定以及我国缔结或参加的双边和多边条约或协定，应当予以免税的外国驻华使馆、领事馆、联合国驻华机构及其外交代表、领事官员和其他外交人员承受土地、房屋权属。

（六）征收管理

1. 纳税义务发生时间

契税的纳税义务发生时间是纳税人签订土地、房屋权属转移合同的当天，或者纳税人取得其他具有土地、房屋权属转移合同性质凭证的当天。

2. 纳税期限

纳税人应当自纳税义务发生之日起 10 日内，向土地、房屋所在地的契税征收机关办理纳税申报，并在契税征收机关核定的期限内缴纳税款。

3. 纳税地点

契税在土地、房屋所在地的征收机关缴纳。

4. 征收管理

纳税人办理纳税事宜后，征收机关应向纳税人开具契税完税凭证。纳税人持契税完税凭证和其他规定的文件材料，依法向土地管理部门、房产管理部门办理有关土地、房屋的权属变更登记手续。土地管理部门和房产管理部门应向契税征收机关提供有关资料，并协助契税征收机关依法征收契税。

## 二、契税的纳税筹划思路

（一）通过等价交换进行纳税筹划

根据《中华人民共和国契税法》的规定，土地使用权交换、房屋交换，以所交换土地使用权、房屋价格的差额为计税依据。可见，进行房屋交换所纳契税显然远远低于普通的房屋购置，所以纳税人可以将原来不属于交换的行为通过合法的途径变为交换行为，减轻税负。如果双方当事人进行交换的标的物价格相等，由于价差为零，任何一方都不用再缴纳契税。所以当纳税人交换土地使用权或房屋所有权时，如果能想办法保持双方的价格差额较小，甚至为零，就可以达到节税目的。

**工作案例 6-3** 甲公司欲以价值 800 万元的办公楼与乙公司价值 1 100 万元的厂房进行交换，且应向乙公司支付差价 300 万元。假设乙公司打算出资 300 万元对换入的办公楼进行装修，甲公司已经获悉乙公司未来的装修打算，且本地契税适用税率为 5%。请问甲公司应如何进行纳税筹划？

**筹划思路**

当双方交换不等价的房屋时，通过一定手段尽量降低双方交换房屋的差价，从而达到节税的目的。

**筹划过程**

方案一：甲公司与乙公司进行产权交换，且向乙公司支付差价 300 万元。

甲公司应纳契税＝300×5%＝15（万元）

方案二：甲公司在与乙公司交换之前，由甲公司先对自己的办公楼按乙公司的要求进行装修，装修费用为 300 万元。

此时，办公楼的价值变为 1 100 万元，双方交易属于等价交换，因此双方不必缴纳契税。

**筹划结论**

方案二与方案一相比，少缴纳契税 15 万元，因此，甲公司应当选择方案二。

**筹划点评**

通过装修或其他方法提高房价，可以达到避免一方付差价的情况，从而减轻契税税负，但是也应该考虑装修是否能得到对方公司的同意和满意。因此，这种筹划方法在实际工作中也存在局限性。

（二）通过改变抵债时间进行纳税筹划

根据规定，企业按照有关法律、法规的规定实施关闭、破产后，债权人（包括关闭、破产企业职工）承受关闭、破产企业土地、房屋权属以抵偿债务的，免征契税。

**工作案例 6-4** 金图公司因严重亏损准备关闭，尚欠主要债权人明珠公司 5 000 万元，准备以公司一块价值 5 000 万元的土地偿还所欠债务。本地契税税率为 4%。请问明珠公司应如何进行纳税筹划？

**筹划思路**

通过改变抵债时间，达到节税的目的。

**筹划过程**

方案一：明珠公司直接接受金图公司的土地抵债。

明珠公司应缴纳契税＝5 000×4%＝200（万元）

方案二：明珠公司改变接受金图公司以土地抵债的时间，先以主要债权人身份到法院申请金图公司破产，待金图公司破产清算后，再以主要债权人身份承受金图公司以价值 5 000 万元的土地抵偿债务，可享受免征契税，节约契税支出 200 万元。

**筹划结论**

方案二与方案一相比，少缴纳契税 200 万元，因此，明珠公司应当选择方案二。

**筹划点评**

利用企业破产后以资产抵偿债务免征契税的税法规定，确实可以减轻契税税负，但也存在破产企业破产后债务过多，资不抵债的情况，影响债权人足额收回债务，因此，该筹划方案须谨慎使用。

（三）通过改变投资方式进行纳税筹划

按照我国《公司法》的规定，非公司制企业整体改建为有限责任公司（含国有独资公司）或股份有限公司，或者有限责任公司整体改建为股份有限公司的，对改建后的公司承受原企业土地、房屋权属，免征契税。

**工作案例 6-5** 王明有一幢价值 500 万元的商品房，李立有货币资金 300 万元，两人共同投资开办新华有限责任公司，新华有限责任公司的注册资本为 800 万元。本地契税税率为 4%。请问应如何进行纳税筹划？

筹划思路

通过改变投资方式，达到节税的目的。

筹划过程

方案一：新华有限责任公司直接接受房产投资。

应纳契税＝500×4%＝20（万元）

方案二：

第一步，王明注册登记成立王明个人独资公司，将自有房产投入王明个人独资公司，由于房屋产权所有人和使用人未发生变化，故无须办理房产变更手续，不需要缴纳契税。

第二步，王明对其个人独资公司进行公司制改造，改建为有限责任公司，吸收李立投资，改建为新华有限责任公司，改建后的新华有限责任公司承受王明个人独资公司的房屋，免征契税，新华有限责任公司减少契税支出20万元。

筹划结论

方案二与方案一相比，少缴纳契税20万元，因此，应当选择方案二。

筹划点评

认真查阅印花税的免税规定，在遇到类似业务和情况时，采用方案二，还可以减轻企业印花税的税负。

## 任务三　城镇土地使用税的纳税筹划

**【引例】**

某企业厂区外有一块30 000平方米的空地，现未被利用，由于该空地在厂区后面，远离街道、位置不好，目前的商业开发价值不大，所以一直闲置，主要是职工及其家属以及周边的居民将其作为休闲娱乐之用。该地区的城镇土地使用税为5元/平方米，企业需要为该地块一年负担的城镇土地使用税为150 000（30 000×5）元。请问应如何筹划以免缴该部分城镇土地使用税？

**【要求】**请对上述业务进行纳税筹划。

**【引例解析】**该企业可把空地改造成公共绿化用地，植树、栽花种草。根据规定，对企业厂区（包括生产、办公及生活区）以内的绿化用地，应照章征收城镇土地使用税，厂区以外的公共绿化用地和向社会开放的公园用地，暂免征收城镇土地使用税。

据初步估算，将空地改造成绿化用地需要投资80 000元，假设该企业预计三年后开发该空地，三年可节省城镇土地使用税370 000（150 000×3－80 000）元。

**【筹划点评】**利用税种的具体规定或优惠条件，可减轻税负或延期纳税，最终达到节税的目的。

## 一、城镇土地使用税税法要素

城镇土地使用税是以国有土地为征税对象，对拥有土地使用权的单位和个人征收的一种税。

### （一）纳税义务人

在城市、县城、建制镇、工矿区范围内使用土地的单位和个人，为城镇土地使用税的纳税人。

所称单位，包括国有企业、集体企业、私营企业、股份制企业、外商投资企业、外国企业以及其他企业和事业单位、社会团体、国家机关、军队以及其他单位；所称个人，包括个体工商户以及其他个人。

城镇土地使用税的纳税人通常包括以下几类：

（1）拥有土地使用权的单位和个人。

（2）拥有土地使用权的单位和个人不在土地所在地的，其土地的实际使用人和代管人为纳税人。

（3）土地使用权未确定或权属纠纷未解决的，其实际使用人为纳税人。

（4）土地使用权共有的，共有各方都是纳税人，由共有各方分别纳税。

### （二）征税范围

城镇土地使用税的征税范围，包括在城市、县城、建制镇和工矿区内的国家所有和集体所有的土地。

上述城市、县城、建制镇和工矿区分别按以下标准确认：

（1）城市是指经国务院批准设立的市。

（2）县城是指县人民政府所在地。

（3）建制镇是指经省、自治区、直辖市人民政府批准设立的建制镇。

（4）工矿区是指工商业比较发达，人口比较集中，符合国务院规定的建制镇标准，但尚未设立建制镇的大中型工矿企业所在地，工矿区须经省、自治区、直辖市人民政府批准。

上述城镇土地使用税的征税范围中，城市的土地包括市区和郊区的土地，县城的土地是指县人民政府所在地的城镇的土地，建制镇的土地是指镇人民政府所在地的土地。

建立在城市、县城、建制镇和工矿区以外的工矿企业不需要缴纳城镇土地使用税。另外，自 2009 年 1 月 1 日起，公园、名胜古迹内的索道公司经营用地，应按规定缴纳城镇土地使用税。

### （三）税率

城镇土地使用税采用定额税率，即采用有幅度的差别税额，按大、中、小城市和县城、建制镇、工矿区分别规定每平方米城镇土地使用税年应纳税额。具体标准如下：

（1）大城市 1.5～30 元。

（2）中等城市 1.2～24 元。

（3）小城市 0.9～18 元。

（4）县城、建制镇、工矿区 0.6～12 元。

大、中、小城市以公安部门登记在册的非农业正式户口人数为依据，按照有关规定确定的标准划分。以城区常住人口为统计口径，将城市划分为五类七档。城区常住人口 50 万以下（“以下”不包括本数，下同）的城市为小城市，其中 20 万以上（“以上”包括本数，下同）50 万以下的城市为Ⅰ型小城市，20 万以下的城市为Ⅱ型小城市；城区常住人口 50 万以上 100 万以下的城市为中等城市；城区常住人口 100 万以上 500 万以下的城市为大城市，其中 300 万以上 500 万以下的城市为Ⅰ型大城市，100 万以上 300 万以下的城市为Ⅱ型大城市；城区常住人口 500 万以上 1 000 万以下的城市为特大城市；城区常住人口 1 000 万以上的城市为超大城市。城镇土地使用税税率见表 6-2。

**表 6-2　城镇土地使用税税率表**

| 级别 | 人口 | 每平方米税额（元） |
| --- | --- | --- |
| 大城市 | 100 万以上 500 万以下 | 1.5～30 |
| 中等城市 | 50 万以上 100 万以下 | 1.2～24 |
| 小城市 | 50 万以下 | 0.9～18 |
| 县城、建制镇、工矿区 | | 0.6～12 |

### （四）计税依据

城镇土地使用税以纳税人实际占用的土地面积为计税依据，土地面积计量标准为每平方米。即税务机关根据纳税人实际占用的土地面积，按照规定的税额计算应纳税额，向纳税人征收城镇土地使用税。

纳税人实际占用的土地面积按下列办法确定：

（1）由省、自治区、直辖市人民政府确定的单位组织测定土地面积的，以测定的面积为准。

（2）尚未组织测定，但纳税人持有政府部门核发的土地使用证书的，以证书确认的土地面积为准。

（3）尚未核发土地使用证书的，应由纳税人申报土地面积，据以纳税，待核发土地使用证书以后再做调整。

### （五）应纳税额的计算

城镇土地使用税的应纳税额可以通过纳税人实际占用的土地面积乘以该土地所在地段的适用税额求得。其计算公式为：

全年应纳税额＝实际占用的应税土地面积（平方米）×适用税额

### （六）税收优惠

城镇土地使用税的税收优惠主要有：

（1）国家机关、人民团体、军队自用的土地免税。

（2）由国家财政部门拨付事业经费的单位自用的土地免税。

（3）宗教寺庙、公园、名胜古迹自用的土地免税。

（4）市政街道、广场、绿化地带等公共用地免税。

（5）直接用于农、林、牧、渔业的生产用地免税。

（6）经批准开山填海整治的土地和改造的废弃土地，从使用月份起免缴土地使用税 5 年至 10 年。

（7）对非营利性医疗机构、疾病控制机构和妇幼保健机构等卫生机构自用的土地，免征城镇土地使用税。

(8) 企业办的学校、医院、托儿所、幼儿园，其用地能与企业其他用地明确区分的，免征城镇土地使用税。

(9) 免税单位无偿使用纳税单位的土地（如公安、海关等单位使用铁路、民航等单位的土地），免征城镇土地使用税。纳税单位无偿使用免税单位的土地，纳税单位应照章缴纳城镇土地使用税。纳税单位与免税单位共同使用、共有使用权土地上的多层建筑，对纳税单位可按其占用的建筑面积占建筑总面积的比例计征城镇土地使用税。

(10) 对行使国家行政管理职能的中国人民银行总行（含国家外汇管理局）所属分支机构自用的土地，免征城镇土地使用税。

(11) 为了体现国家的产业政策，支持重点产业的发展，对石油、电力、煤炭等能源用地，民用港口、铁路等交通用地和水利设施用地，三线调整企业、盐业、采石场、邮电等一些特殊用地划分了征免税界限和给予政策性减免税照顾。

### （七）征收管理

1. 纳税期限

城镇土地使用税实行按年计算、分期缴纳的征收方法，具体纳税期限由省、自治区、直辖市人民政府确定。

2. 纳税义务发生时间

(1) 纳税人购置新建商品房，自房屋交付使用之次月起，缴纳城镇土地使用税。

(2) 纳税人购置存量房，自办理房屋权属转移、变更登记手续，房地产权属登记机关签发房屋权属证书之次月起，缴纳城镇土地使用税。

(3) 纳税人出租、出借房产，自交付出租、出借房产之次月起，缴纳城镇土地使用税。

(4) 以出让或转让方式有偿取得土地使用权的，应由受让方从合同约定交付土地时间的次月起缴纳城镇土地使用税；合同未约定交付时间的，由受让方从合同签订的次月起缴纳城镇土地使用税。

(5) 纳税人新征用的耕地，自批准征用之日起满1年时开始缴纳城镇土地使用税。

(6) 纳税人新征用的非耕地，自批准征用之次月起缴纳城镇土地使用税。

(7) 自2009年1月1日起，纳税人因土地的权利发生变化而依法终止城镇土地使用税纳税义务的，其应纳税款的计算应截止到土地权利发生变化的当月末。

3. 纳税地点和征收机构

城镇土地使用税在土地所在地缴纳。

纳税人使用的土地不属于同一省、自治区、直辖市管辖的，由纳税人分别向土地所在地的税务机关缴纳城镇土地使用税；在同一省、自治区、直辖市管辖范围内，纳税人跨地区使用的土地，其纳税地点由各省、自治区、直辖市税务局确定。

## 二、城镇土地使用税的纳税筹划思路

### （一）利用土地级别的不同进行纳税筹划

经营者占有并实际使用的土地，其所在区域直接关系到缴纳城镇土地使用税数额的大小。因此，经营者可以结合投资项目的实际需要在以下几方面进行选择：一是征税区与非征税区之间；二是经济发达与经济欠发达的省份之间；三是在同一省份内的大中小城市以及县城和工矿区之间，在同一省份内的大中小城市、县城和工矿区内的城镇土地使用税税额同样有差别；四是同一城市、县城和工矿区之内的不同等级的土地之间。

**工作案例6-6** 甲、乙两个人拟投资设立一家新企业，现在有三个地址可供选择：其一是设立在A地，其适用的城镇土地使用税税率为每平方米10元；其二是设立在B地，其适用的城镇土地使用税税率为每平方米7元；其三是设立在C地，其适用的城镇土地使用税税率为每平方米4元。新企业需要占地10 000平方米。假定不考虑其他因素，新企业应当选择在何地设立？

**筹划思路**

在不考虑其他因素的情况下，应选择在税负较低的区域设立企业。

**筹划过程**

方案一：在A地设立，应缴纳城镇土地使用税＝10 000×10＝100 000（元）。

方案二：在B地设立，应缴纳城镇土地使用税＝10 000×7＝70 000（元）。

方案三：在C地设立，应缴纳城镇土地使用税＝10 000×4＝40 000（元）。

**筹划结论**

在不考虑其他因素的情况下，选择C地最合算。

**筹划点评**

企业在选择营业地址时，应充分考虑城镇土地使用税适用的不同税率，在不影响企业经营业绩以及发展规划等的情况下，尽量选择税率较低的地方。

### （二）通过准确核算用地进行纳税筹划

如果纳税人能准确核算用地，就可以充分享受城镇土地使用税设定的优惠条款。例如，将农、林、牧、渔的生产用地与农副产品加工场地和生活办公用地相分离，就可享受生产用地的免税条款。企业办的学校、医院、托儿所、幼儿园，其用地应尽量与企业其他用地明确区分，从而享受免征城镇土地使用税的优惠。

**工作案例6-7** 某市甲企业2020年全年实际占地共计9万平方米。其中，厂房占地7万平方米，办公楼占地0.7万平方米，医务室占地0.2万平方米，幼儿园占地0.4万平方米，厂区内道路及绿化占地0.7万平方米。当地城镇土地使用税税额为4元/平方米。请对甲企业进行纳税筹划。

**筹划思路**

通过准确核算用地，充分享受城镇土地使用税设定的优惠条款。

**筹划过程**

方案一：各种用地未做明确区分，未分别核算各自面积。

应纳城镇土地使用税＝9×4＝36（万元）

方案二：各种用地进行明确区分，分别核算各自面积。

明确区分后，医务室、幼儿园占地无须缴纳城镇土地使用税。

应纳城镇土地使用税＝(9－0.2－0.4)×4＝33.6（万元）

筹划结论

方案二与方案一相比，少缴纳城镇土地使用税 2.4 万元，因此，甲企业应当选择方案二。

筹划点评

企业通过分别核算用地面积的方法，可以减轻城镇土地使用税的税负，虽然这样做会加大工作量，但是与节税相比还是比较合算的。

## 任务四　车辆购置税的纳税筹划

**【引例】**

2019 年 3 月，甲公司从乙汽车公司购买一辆轿车自用，支付车款 226 000 元（含增值税，销售方适用的增值税税率为 13%），另外支付临时牌照费 200 元，随车购买工具支付 3 000 元，代收保险金 350 元，支付车辆装饰费 14 530 元。

**【要求】** 请对上述业务进行纳税筹划。

**【引例解析】** 筹划前：如果甲公司购买的各种工具件在购置轿车的同时一起购买并安装，则购买的各种工具件会作为价外费用计算车辆购置税。

车辆购置税计税价格＝(226 000＋3 000＋14 530)÷(1＋13%)＝215 513.27（元）

应纳车辆购置税＝215 513.27×10%＝21 551.33（元）

筹划后：甲公司将各种工具件在购置轿车后另行购买和装饰，则无须作为价外费用计入车辆计税价格。

车辆购置税计税价格＝226 000÷(1＋13%)＝200 000（元）

应纳车辆购置税＝200 000×10%＝20 000（元）

可见，筹划后比筹划前更节税。但是，自 2019 年 7 月 1 日实施新的《车购税法》之后，价外费用不再作为计算车辆购置税的依据。

**【筹划点评】** 利用税种的具体规定或优惠条件，可减轻税负或延期纳税，最终达到节税的目的。

### 一、车辆购置税税法要素

车辆购置税是以在中国境内购置规定的车辆为课税对象，在特定的环节向车辆购置者征收的一种税。

#### （一）纳税人

车辆购置税的纳税人是指在中华人民共和国境内购置应税车辆的单位和个人。具体范围如图 6－1 所示。车辆购置税应税行为包括购买自用、进口自用、受赠使用、自产自用、获奖自用、其他自用应税车辆，如图 6－2 所示。

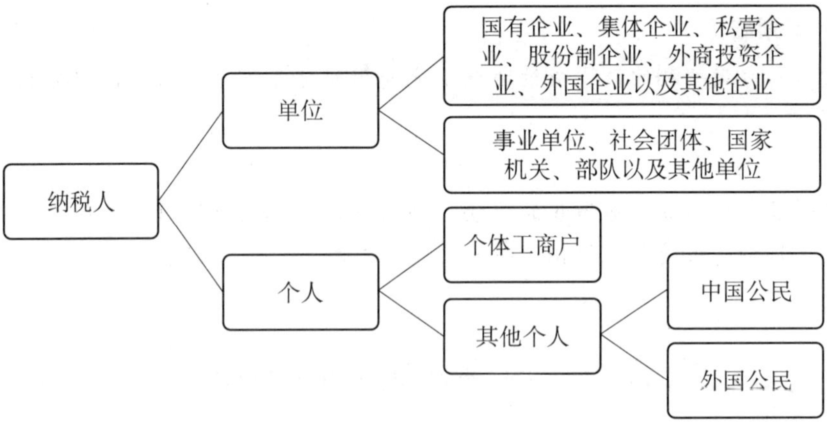


**图 6-1　车辆购置税纳税人的具体范围**

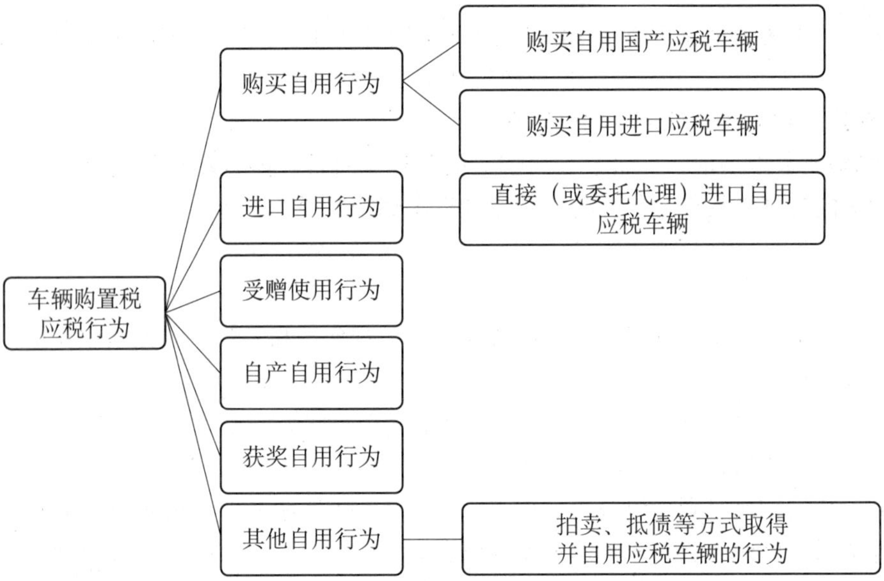


**图 6-2　车辆购置税的应税行为**

（二）征税范围

1. 汽车

汽车税目包括各类汽车。

2. 摩托车

（1）轻便摩托车，是指最高设计时速不大于 50 千米/小时，发动机汽缸总排量不大于 50 立方厘米的两轮或三轮机动车。

（2）两轮摩托车，是指最高设计时速大于 50 千米/小时，发动机汽缸总排量大于 50 立方厘米的两轮机动车。

（3）三轮摩托车，是指最高设计时速大于 50 千米/小时，发动机汽缸总排量大于 50 立方厘米的三轮机动车。

3. 电车

（1）无轨电车，是指以电能为动力，用专用输电电缆线供电的轮式公共车辆。

（2）有轨电车，是指以电能为动力，在轨道上行驶的公共车辆。

4. 挂车

（1）全挂车，是指无动力设备，独立承载，由牵引车辆牵引行驶的车辆。

（2）半挂车，是指无动力设备，与牵引车辆共同承载，由牵引车辆牵引行驶的车辆。

5. 农用运输车

（1）三轮农用运输车，是指柴油发动机功率不大于7.4千瓦，载重量不大于500千克，最高车速不大于40千米/小时的三轮机动车（三轮农用运输车，自2004年10月1日起免征车辆购置税）。

（2）四轮农用运输车，是指柴油发动机功率不大于28千瓦，载重量不大于1 500千克，最高车速不大于50千米/小时的四轮机动车。

（三）税率

我国车辆购置税实行统一比例税率，税率为10%。

（四）计税依据

（1）购买自用应税车辆计税价格的确定。计税价格为纳税人购买应税车辆而支付给销售方的全部价款和价外费用（不包括增值税税款）。其计算公式为：

计税价格=(全部价款+价外费用)÷(1+增值税税率或征收率)

（2）进口自用应税车辆的计税依据如表6-3所示。

**表6-3　进口自用应税车辆的计税依据**

| | | |
|---|---|---|
| 进口自用应征消费税的小汽车 | 关税 | 应纳关税=关税完税价×关税税率 |
| | 增值税 | 应纳增值税=(关税完税价+关税)÷(1−消费税税率)×增值税税率 |
| | 消费税 | 应纳消费税=(关税完税价+关税)÷(1−消费税税率)×消费税税率 |
| | 车购税 | 应纳车购税=(关税完税价+关税)÷(1−消费税税率)×车购税税率 |
| 进口自用非应征消费税的小汽车 | 关税 | 应纳关税=关税完税价×关税税率 |
| | 增值税 | 应纳增值税=(关税完税价+关税)×增值税税率 |
| | 车购税 | 应纳车购税=(关税完税价+关税)×车购税税率 |

（五）应纳税额的计算

车辆购置税实行从价定率的办法计算应纳税额，应纳税额的计算公式为：

应纳税额=计税价格×税率

（六）税收优惠

1. 车辆购置税减免税的具体规定

（1）外国驻华使馆、领事馆和国际组织驻华机构及其外交人员自用车辆免税。

（2）中国人民解放军和中国人民武装警察部队列入军队武器装备订货计划的车辆免税。

（3）设有固定装置的非运输车辆免税（自卸式垃圾车不属于设有固定装置的非运输车辆）。

(4) 购置列入《免征车辆购置税的新能源汽车车型目录》的新能源汽车免征车辆购置税。新能源汽车是指获得许可在中国境内销售的纯电动汽车、插电式混合动力汽车、燃料电池汽车。

(5) 城市公交企业购置的公共汽电车辆免征车辆购置税。

(6) 对部分特殊用途车辆实行免税指标管理。包括“母亲健康快车”项目流动医疗车辆、防汛专用车辆、森林消防专用车辆。

(7) 长期来华定居专家进口1辆自用小汽车免征车辆购置税。

(8) 回国服务的留学人员用现汇购买1辆自用国产小汽车免征车辆购置税。

(9) 农用三轮运输车免征车辆购置税。

2. 车辆购置税的退税

(1) 已缴纳车辆购置税的车辆，发生下列情形之一的，准予纳税人申请退税：

1) 车辆退回生产企业或者经销商的。

2) 符合免税条件的设有固定装置的非运输车辆但已征税的。

3) 其他依据法律法规规定应予以退税的情形。

(2) 退税计算。车辆退回生产企业或者经销商的，纳税人申请退税时，主管税务机关自纳税人办理纳税申报之日起，按已缴纳税款每满1年扣减10%计算退税额；未满1年的，按已缴纳税款全额退税。

## 二、车辆购置税的纳税筹划

### (一) 选择汽车经销商的增值税纳税人身份的纳税筹划

纳税人购买自用的应税车辆，车辆购置税计税价格为纳税人购买应税车辆而支付给销售者的全部价款和价外费用，不包括增值税税款。若汽车经销商为增值税一般纳税人，则适用13%的税率；若汽车经销商为小规模纳税人，则适用3%的征收率。所以，应结合车辆计税价格和汽车经销商所适用的税率或征收率进行具体筹划。

**工作案例6-8** 大伟公司为增值税一般纳税人，2021年2月欲购买一辆轿车自用，现有两个汽车经销商可供选择：一是从作为小规模纳税人的车辆经销商乙公司处购买，车款为60 000元（含增值税，乙公司开具的机动车销售统一发票适用的增值税征收率为3%）；二是从作为一般纳税人的车辆经销商丙公司处购买，车款为65 000元（含增值税，丙公司开具的机动车统一发票适用的增值税税率为13%）。假设不考虑城市维护建设税和教育费附加。请对上述业务进行纳税筹划。

**筹划思路**

若汽车经销商为增值税一般纳税人，则适用13%的税率；若汽车经销商为小规模纳税人，则适用3%的征收率。所以，应具体分析从哪里购买更节税。

**筹划过程**

方案一：从作为小规模纳税人的乙公司处购买。

应纳车辆购置税＝60 000÷(1＋3%)×10%＝5 825.24（元）

方案二：从作为一般纳税人的丙公司处购买。

应纳车辆购置税＝65 000÷(1＋13%)×10%＝5 752.21（元）

**筹划结论**

方案二与方案一相比，少缴纳车辆购置税 73.03（5 825.24—5 752.21）元，因此应当选择方案二。

**筹划点评**

对车辆经销商的增值税纳税人身份进行选择时，不能单独考虑车辆购置税税负的因素，还应考虑车辆价格、售后服务等其他因素。

### （二）利用税收优惠进行纳税筹划

在缴纳车辆购置税时，需要注意对特定群体及单位缴纳车辆购置税可享受免税、减税资格的税收优惠，详见本任务“一、车辆购置税税法要素”中“（六）税收优惠”的相关内容，此处不再赘述。

# 任务五　关税的纳税筹划

**【引例】**

A 公司是一家跨国公司，主要生产和销售各种大型机械设备。该公司为了扩大经营规模，经公司高层商讨后决定进入中国市场，向中国输入某种大型机械设备。假定进口该设备适用的关税税率为 25%，进口该设备零部件适用的关税税率为 15%。A 公司应如何进行纳税筹划?

**【要求】** 请对上述业务进行纳税筹划。

**【引例解析】**

方案一：设立销售公司。在中国境内设立一家机械设备销售公司作为 A 公司的子公司，直接进口这种大型机械设备，适用 25%的进口关税税率。

方案二：设立总装配公司。在中国境内设立一家总装配公司作为子公司，直接进口这种大型机械设备的原材料及零部件，在国内进行组装，适用 15%的进口关税税率。

由此，我们可以看出，设立总装配公司能够节约税款。

**【筹划点评】** 利用税种的具体规定或优惠条件，可减轻税负或延期纳税，最终达到节税的目的。

## 一、关税税法要素

### （一）关税的概念

关税是由海关根据国家制定的有关法律，以进出关境的货物和物品为征税对象而征收的一种商品税。

### （二）关税的分类

关税的分类见图 6－3。

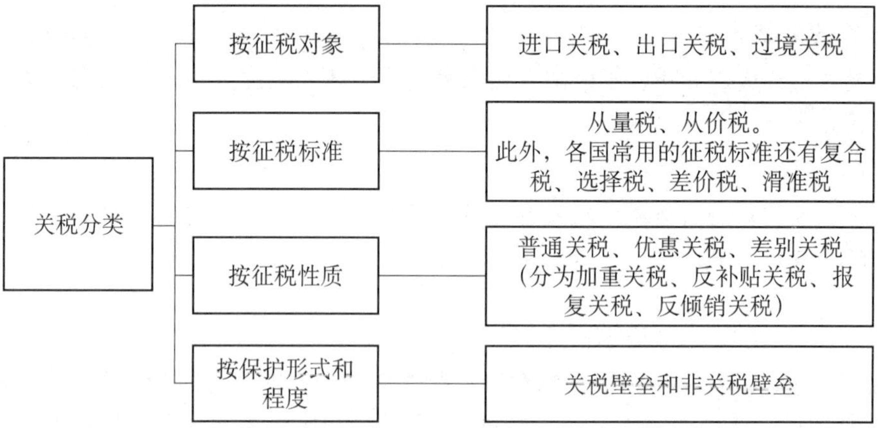


**图 6-3　关税的分类**

### （三）纳税人及征税对象

1. 纳税人

进口货物的收货人、出口货物的发货人、进出境物品的所有人，是关税的纳税人。进出境物品的所有人包括该物品的所有人和推定为所有人的人。

2. 征税对象

关税的征税对象是准许进出境的货物和物品。货物是指贸易性商品；物品是指入境旅客随身携带的行李物品，个人邮递物品，各种运输工具上的服务人员携带进口的自用物品、馈赠物品以及其他方式进境的个人物品。

### （四）税率的适用

1. 进口关税税率

（1）进口货物税率（多栏税率）。我国进口关税设有最惠国税率、协定税率、特惠税率、普通税率、关税配额税率等税率形式。对进口货物在一定期限内可以实行暂定税率。

（2）进境物品税率。我国进境物品进口税率见表 6-4。

**表 6-4　进境物品进口税率表**

| 税目序号 | 物品名称 | 税率 |
|---|---|---|
| 1 | 书报、刊物、教育用影视资料；计算机、视频摄录一体机、数字照相机等信息技术产品；食品、饮料；金银；家具；玩具、游戏品、节日或其他娱乐用品、药品 | 13 |
| 2 | 运动用品（不含高尔夫球及球具）、钓鱼用品；纺织品及其制成品；电视、摄像机及其他电器用具；自行车；税目 1、3 中未包含的其他商品 | 20 |
| 3 | 烟、酒；贵重首饰及珠宝玉石；高尔夫球及球具；高档手表；高档化妆品 | 50 |

2. 出口关税税率

我国出口关税为一栏税率，即出口税率。国家仅对少数资源性产品及易于竞相杀价、盲目出口、需要规范出口的半制成品征收关税。

3. 税率的适用

（1）进出口货物，应当适用海关接受该货物申报进口或者出口之日实施的税率。

进口货物到达前，经海关核准先行申报的，应当适用装载该货物的运输工具申报进境之日实施的税率。

因纳税义务人违反规定需要追征税款的进出口货物，应当适用违反规定的行为发生之日实施的税率；行为发生之日不能确定的，适用海关发现该行为之日实施的税率。

（2）已申报进境并且放行的保税货物、减免税货物、租赁货物或者已申报进出境并且放行的暂时进出境货物，有下列情形之一需缴纳税款的，应当适用海关接受纳税义务人再次填写报关单申报办理纳税及有关手续之日实施的税率：

1）保税货物经批准不复运出境的；

2）保税仓储货物转入国内市场销售的；

3）减免税货物经批准转让或者移作他用的；

4）可以暂不缴纳税款的暂时进出境货物，经批准不复运出境或者进境的；

5）租赁进口货物，分期缴纳税款的。

（3）纳税人补征或者退还进出口货物税款，应当按照上述（1）和（2）的规定确定适用的税率。

（五）关税完税价格

进口货物的完税价格由海关以货物的成交价格为基础审查确定，并应当包括该货物运抵中华人民共和国境内输入地点起卸前的运输及其相关费用、保险费。

1. 进口货物的成交价格

进口货物的成交价格，是指卖方向中华人民共和国境内销售该货物时，买方为进口该货物向卖方实付、应付的并按照规定调整后的价款总额，包括直接支付的价款和间接支付的价款。

2. 进口货物完税价格确定的其他方法

对于成交价格不符合规定条件，或者成交价格不能确定，在客观上无法采用货物的实际成交价格的，海关经了解有关情况并与纳税义务人进行价格磋商后，依次以下列估价方法确定该货物的完税价格：

（1）相同货物的成交价格估价方法。

（2）类似货物的成交价格估价方法。

（3）倒扣价格估价方法。

（4）计算价格估价方法。

（5）合理的估价方法。

3. 成交价格的调整项目

（1）未包括在进口货物的实付或者应付价格中的费用，应计入完税价格。具体包括：

1）由买方负担的费用：由买方负担的与该货物视为一体的容器费用；由买方负担的包装材料费用和包装劳务费用；由买方负担的除购货佣金以外的佣金和经纪费。

2）与进口货物的生产和向我国境内销售有关的，由买方以免费或者以低于成本的方式提供，并可以按适当比例分摊的货物或者服务的价值。

3）买方需向卖方或者有关方直接或者间接支付的特许权使用费。

4）卖方直接或间接从买方对该货物进口后销售、处置或使用所得中获得的收益。

（2）进口货物的价款中单独列明的税收、费用，不计入该货物的完税价格。具体包括：

1）厂房、机械或者设备等货物进口后发生的建设、安装、装配、维修或者技术援助费用，但是保修费用除外。

2）进口货物运抵中华人民共和国境内输入地点起卸后发生的运输及其相关费用、保险费。

3）进口关税、进口环节海关代征税及其他国内税。

4）为在境内复制进口货物而支付的费用。

5）境内外技术培训及境外考察费用。

4. 进口货物相关费用的核定

（1）进口货物的运费应当按照实际支付的费用计算。如果进口货物的运费无法确定，按照该货物的实际运输成本或者该货物进口同期运输行业公布的运费率（额）计算运费。

（2）进口货物的保险费应当按照实际支付的费用计算。若进口货物的保险费无法确定或者未实际发生，海关应当按照“货价”和“运费”两者总额的3‰计算保险费，公式为：

$$\text{保险费}=(\text{货价}+\text{运费})\times 3‰$$

（3）以境外边境口岸价格条件成交的铁路或者公路运输进口货物，海关应当按照境外边境口岸价格的1%计算运输及其相关费用、保险费。

（六）关税减免

1. 法定减免税

下列进出口货物，免征关税：

（1）关税税额在人民币50元以下的一票货物。

（2）无商业价值的广告品和货样。

（3）外国政府、国际组织无偿赠送的物资。

（4）在海关放行前损失的货物。

（5）进出境运输工具装载的途中必需的燃料、物料和饮食用品。

2. 特定减免税

（1）科教用品，应直接用于本单位的科学研究和技术开发，不得擅自转让、移作他用或者进行其他处置。

（2）残疾人专用品，免征进口关税和进口环节增值税、消费税。

（3）慈善捐赠物资免征关税，但应通过符合条件的非营利组织或部委、省级政府进行。

（4）加工贸易产品方式包括来料加工和进料加工，减免税政策为进征出退，或者进不征、出不退。

（5）边境贸易进口物资。

（6）保税区进出口货物。

（7）出口加工区进出口货物。

（8）进口设备（有目录）。

（9）特定行业或用途的减免税政策。

（10）特定地区的减免税政策。

3. 个人邮寄物品的减免税

自2010年9月1日起，个人邮寄物品，应征收进口税，税额在人民币50元（含50元）以下的，海关予以免征。

## 二、关税的纳税筹划思路

### （一）进口货物完税价格的纳税筹划

**工作案例6-9** 美莱公司欲从境外引进钢结构产品自动生产线，可选择从英国或美国进口。若从美国进口，境外成交价格（FOB）为1 600万元。该生产线运抵我国输入地点起卸前的运费和保险费为200万元，另支付由买方负担的经纪费15万元、买方负担的包装材料和包装劳务费50万元、与生产线有关的境外开发设计费用50万元。若从英国进口，境外成交价格（FOB）为1 500万元。该生产线运抵我国输入地点起卸前的运费和保险费为220万元，另支付由买方负担的经纪费15万元、买方负担的包装材料和包装劳务费30万元、与生产线有关的境外开发设计费用80万元，关税税率为30%。请从节税角度分析美莱公司应选择从哪个国家进口。

**筹划思路**

关税纳税人进口货物时，应当选择同类货物中成交价格比较低或运费、保险费等相对低的货物，以降低完税价格，从而降低进口关税。

**筹划过程**

方案一：若从美国进口。

关税完税价格＝1 600＋200＋15＋50＋50＝1 915（万元）

应纳进口关税＝1 915×30%＝574.5（万元）

应纳进口环节增值税＝(1 915＋574.5)×13%＝323.635（万元）

方案二：若从英国进口。

关税完税价格＝1 500＋220＋15＋30＋80＝1 845（万元）

应纳进口关税＝1 845×30%＝553.5（万元）

应纳进口环节增值税＝(1 845＋553.5)×13%＝311.805（万元）

**筹划结论**

方案二与方案一相比，少缴纳关税21（574.5－553.5）万元，少缴纳增值税11.83（323.635－311.805）万元。

**筹划点评**

进口货物时不能仅仅考虑关税税负的因素，还应考虑货物质量、售后服务等其他因素。

### （二）稀缺商品估定完税价格的纳税筹划

对于一般进口货物，由于国内、国外市场上均有参考价格，因此纳税筹划的空间不大，但对于稀缺商品，如高新技术、特种资源、新产品等，由于其没有确定的市场价格，而其预期的市场价格一般要远高于市场上类似产品的价格，这就为进口完税价格的申报留下较大的纳税筹划空间。企业可以用市场上类似的价格进行申报，通过降低完税价格来降低关税。

**工作案例 6-10** 英国乙公司刚刚开发了一款高新技术产品，尚未形成确定的市场价格，但我国甲公司预计其未来的市场价格将远高于目前市场上的类似产品，达到110万元。最终，甲公司以90万元的价格与英国乙公司成交，而类似产品的市场价格仅为60万元。关税税率为30%。请对上述业务进行纳税筹划。

**筹划思路**

对于不能确定市场价格的商品，企业可以用市场上类似的价格进行申报，从而来降低关税。

**筹划过程**

方案一：甲公司以90万元作为关税完税价格申报。

应纳进口关税=90×30%=27（万元）

方案二：甲公司以60万元作为关税完税价格申报。

由于类似产品的市场价格仅为60万元，海关工作人员一般会认为60万元为合理的完税价格。

应纳进口关税=60×30%=18（万元）

**筹划结论**

方案二与方案一相比，少缴纳关税9（27−18）万元，因此甲公司应当选择方案二。

**筹划点评**

此种筹划方法在实际工作中存在局限性，使用时需谨慎，可能有被海关进行重新定价和处罚的风险。

### （三）进口零部件或产成品选择的纳税筹划

各国的关税税率大多对产成品和零部件区别对待，原材料和零部件适用的关税税率较低，半成品的税率次之，产成品的税率较高。因此，企业可以考虑进口原材料及零部件进行加工生产，从而节省税款。

**工作案例 6-11** 莱德公司是一家德国汽车生产企业，在中国设立自己的汽车销售公司乙公司。现由乙公司从甲公司进口100辆小汽车，每辆小汽车的关税完税价格为20万元，适用进口环节的关税税率为15%，消费税税率为5%，增值税税率为13%。如果甲公司将乙公司变更为自己的汽车组装兼销售公司，并将乙公司原来进口整装小汽车的方式，改为先进口散装汽车零部件、后组装成小汽车的方式，则乙公司可以每辆小汽车的全套散装零部件15万元的关税完税价格从甲公司进口散装零部件，这样散装零部件进口环节的关税税率降为6%。请对乙公司的上述业务进行纳税筹划。

**筹划思路**

原材料、零部件与产成品的关税税率相比，原材料和零部件的关税税率较低，半成品次之，产成品的税率较高。企业在条件允许的情况下，可以考虑先进口原材料和零部件，然后再进行加工、生产或组装成最终的产成品，这样可以在进口环节降低相关税负。

**筹划过程**

方案一：乙公司以每辆小汽车 20 万元的关税完税价格从甲公司进口 100 辆小汽车。

乙公司进口环节应纳关税＝20×100×15%＝300（万元）

乙公司进口环节应纳消费税＝(20×100＋300)÷(1－5%)×5%＝121.05(万元)

乙公司进口环节应纳增值税＝(20×100＋300)÷(1－5%)×13%＝314.74(万元)

乙公司应纳税额合计＝300＋121.05＋314.74＝735.79（万元）

方案二：乙公司以每辆小汽车的全套散装零部件 15 万元的关税完税价格从甲公司进口 100 辆小汽车的散装零部件。

乙公司进口环节应纳关税＝15×100×6%＝90（万元）

这种情况下，乙公司进口环节不需要缴纳消费税。

乙公司进口环节应纳增值税＝(15×100＋90)×13%＝206.7（万元）

乙公司应纳税额合计＝90＋206.7＝296.7（万元）

**筹划结论**

方案二与方案一相比，少缴纳关税 210（300－90）万元，少缴纳税款合计 439.09（735.79－296.7）万元，因此乙公司应当选择方案二。

**筹划点评**

选择此种筹划方法，虽然增值税的一部分和消费税在以后生产环节还需要缴纳，但该方法延缓了纳税时间，充分利用了资金的时间价值。

### （四）选购国外礼品的纳税筹划

我国税法对烟、酒、化妆品、金银及其制品、包金饰品、纺织品和制成品电器用具、手表、照相机、录像机、汽车等的关税税率的规定差异很大。若想在国外购买礼物回国馈赠亲朋，可以选择购买税率较低的外国商品，以达到降低进口关税的目的。

**工作案例 6－12** 假定张某在国外欲购买礼物送给她儿子，根据她儿子的需要，张某可以选择购买通过镜头取景的照相机，其价格为 10 000 元，进口关税税率为 25%，也可以选择购买机械指示式的贵金属电子手表，其价格也为 10 000 元，但进口关税税率为 11%。请从节税角度分析张某应选择购买哪种商品作为礼物。

**筹划思路**

选择购买税率较低的外国商品，以达到降低进口关税的目的。

**筹划过程**

方案一：购买通过镜头取景的照相机作为礼物。

应纳关税＝10 000×25%＝2 500（元）

方案二：购买机械指示式的贵金属电子手表作为礼物。

应纳关税＝10 000×11%＝1 100（元）

### 筹划结论

方案二与方案一相比，少缴纳关税 1 400（2 500－1 100）元，因此张某应当选择方案二。

### 筹划点评

购买礼物不能仅仅考虑关税的税负因素，还应考虑接受礼物的一方的性别、年龄、喜好、需求等其他因素。

## 【能力训练】

**一、单项选择题**

1. 下列各项中，属于印花税纳税人的是（　　）。

A. 合同担保人　　B. 合同鉴定人

C. 合同证人　　D. 合同签订人

2. 对同一类应税凭证贴花次数频繁的纳税人，适用印花税的纳税办法是（　　）。

A. 汇贴纳税　　B. 自行贴花

C. 汇缴纳税　　D. 委托代征

3. 下列行为中，不属于契税征税对象的是（　　）。

A. 国有土地使用权出让　　B. 国有土地使用权交换

C. 农村集体土地承包经营权转移　　D. 出售国有土地使用权

4. 纳税人进行土地使用权交换、房屋交换，若交换价格相等，（　　）。

A. 由交换双方各自缴纳契税　　B. 由交换双方共同分担契税

C. 免征契税　　D. 由双方协商一致确定纳税人

5. 城镇土地使用税的税率采用（　　）。

A. 有幅度差别的比例税率　　B. 有幅度差别的定额税率

C. 全国统一税额　　D. 税务机关确定的定额

6. 依据关税的有关规定，下列进口货物可享受法定免税的是（　　）。

A. 有商业价值的进口货样　　B. 外国政府无偿赠送的货物

C. 福利机构进口的符合规定的残疾人专用品　　D. 科贸公司进口的科教用品

**二、多项选择题**

1. 下列凭证中，免纳印花税的有（　　）。

A. 无息、贴息贷款利息

B. 建筑安装工程承包合同

C. 营业执照

D. 外国政府向我国政府提供优惠贷款所书立的合同

2. 已贴用的印花税票揭下重用的，税务机关可处以重用印花税票金额（　　）的罚款。

A. 5 倍　　B. 30 倍

C. 2 000 元以上 10 000 元以下　　D. 3 倍至 5 倍

3. 契税的计税依据有（　　）。

A. 房地产的成交价格　　B. 房地产的租金

C. 房地产的市场价格　　D. 房地产交换时的价格差额

4. 下列行为中，应计征契税的有（　　）。

A. 以购买方式取得土地使用权　　B. 以划拨方式取得土地使用权

C. 以受赠方式取得土地使用权　　D. 以抵债方式取得土地使用权

5. 下列选项中，应计征城镇土地使用税的有（　　）。

A. 学校教师食堂用地　　B. 工厂实验室用地

C. 公园内茶社用地　　D. 百货大楼仓库用地

6. 下列关于城镇土地使用税的纳税义务发生时间的表述中，正确的有（　　）。

A. 纳税人购置新建商品房，自房屋交付使用之次月起缴纳城镇土地使用税

B. 纳税人购置存量房，自房屋交付使用之次月起缴纳城镇土地使用税

C. 出让或转让有偿取得土地使用权的，应由受让方从合同约定交付土地时间的次月起缴纳城镇土地使用税

D. 纳税人新征用的非耕地，自批准征用次月起缴纳城镇土地使用税

7. 下列各项中，属于关税法定纳税义务人的有（　　）。

A. 进口货物的收货人　　B. 进口货物的代理人

C. 出口货物的发货人　　D. 出口货物的代理人

## 三、判断题

1. 同一凭证记载两个或两个以上适用不同税率经济事项的，若分别记载金额，应分别计算税额加总贴花，若未分别记载金额，按税率低的计税贴花。（　　）

2. 承受荒山、荒沟、荒丘、荒滩土地使用权，并用于农、林、牧、渔业生产的，免征契税。（　　）

3. 由国家财政部门拨付事业经费的单位自用的土地，免征城镇土地使用税。（　　）

4. 车辆购置税的纳税地点是纳税人机构或户口所在地。（　　）

5. 纳税人购买自用应税车辆时，应当自上牌照之日起 60 日内申报缴纳车辆购置税。（　　）

## 四、案例分析题

1. 2021 年 2 月，甲公司准备向工商银行借款 20 000 000 元。请对该业务进行纳税筹划。

2. 2021 年 3 月，甲公司与乙公司签订一份建筑合同，总计金额为 2 000 万元，乙公司又分别与丙公司和丁公司签订分包合同，其合同记载金额分别为 400 万元和 500 万元。请对该建筑安装工程承包合同进行纳税筹划。

# 参考文献


[1] 中国注册会计师协会．税法．北京：中国财政经济出版社，2021.

[2] 全国税务师职业资格考试教材编写组．税法（Ⅰ)．北京：中国税务出版社，2021.

[3] 全国税务师职业资格考试教材编写组．税法（Ⅱ)．北京：中国税务出版社，2021.

[4] 全国税务师职业资格考试教材编写组．涉税服务实务．北京：中国税务出版社，2021.

[5] 梁文涛，等．税法．3版．大连：东北财经大学出版社，2018.

[6] 梁文涛，等．纳税筹划实务．4版．大连：东北财经大学出版社，2019.

[7] 翟继光．新税法下企业纳税筹划．6版．北京：电子工业出版社，2019.

[8] 翟继光，等．企业合理节税避税经典案例讲解．上海：立信会计出版社，2021.

[9] 王玉娟．税收筹划．北京：中国人民大学出版社，2020.

[10] 蔡昌．税收筹划理论、实务与案例．3版．北京：中国人民大学出版社，2020.

[11] 梁俊娇．税收筹划．7版．北京：中国人民大学出版社，2019.